Harz

Der Harz ist mehr als irgendein Gebirge: Er liegt in der Mitte Deutschlands – wieder vereint

Liebe Leserin, lieber Leser,

den Harz durchwandert man in wenigen Tagen. Die Wege sind abgesteckt, Gasthäuser ausgeschildert, die Ziele bekannt: Der Brocken erhebt sich dort; Sehnsuchtsberg der Deutschen seit Goethes Wanderung, Heines Reise und der innerdeutschen Grenze, die den Harz nie umrissen hat, stattdessen in der Mitte teilte und nun zum Glück wieder weg ist. Der Harz ist heute wieder als Ganzes zu haben, und damit gibt es plötzlich, am Beginn des 21. Jahrhunderts, „unentdeckte“ Ecken im Zentrum unseres Landes – so vertraut deren Namen auch klingen mögen: Wernigerode, Goslar und Quedlinburg, St. Andreasberg oder Stolberg.

Der Reichtum an Weltkulturerbe, mittelalterlichen Städten, Museen und Bergwerken, an Pfalzen und Kirchen, an moderner Kunst, mächtigen Dampfrössern und Naturschauspiel ist groß. Im Harz wird Historie nicht vorrangig im Museum zur Schau gestellt – diesen Eindruck brachten Reporter, Autoren und Fotografen dieser Ausgabe mit von ihren Recherchen. Auch der Berliner Schriftsteller Jens Sparschuh, der für MERIAN auf neue Harzreise ging.

Der Harz ist auch ein Land der Städtchen und Dörfer. Lauter Idylle in Tälern, auf Höhen, mit buckligem Pflaster, schmalen Gassen und Fachwerk-Kirmes. Stefan Willeke, Egon-Erwin-Kisch-Preisträger 2003, hat einen dieser Weiler besucht und ergründet, was ihn im Innersten zusammenhält – und damit den Harz. Es sind die Menschen und ihre Geschichten.

Viel Spaß beim Lesen – und Entdecken.

Herzlich, Ihr

Andreas Hallaschka

MERIAN-Chefredakteur

WANDERKAISER waren der Illustratorin Jutta Drewes unbekannt. Seit sie die Mittelalter-Geschichte in diesem Heft illustrierte, hat das Wort Wandertag einen neuen Klang für sie Seite 56

KOMISCHE VÖGEL sah Ralf Kreuels, Fotograf der Bildstrecke, im Harz an allen Ecken. Für das Selbstporträt versammelte er unter anderem Rebhuhn, Ringeltaube und Kolkrabe Seite 14

DORFALLTAG wollte Reporter Stefan Willeke einfangen und hörte Geschichten, so wahr, dass niemand sie glaubt, und so gut erfunden, dass sie wahr sein müssen: Gesprächsstoff allemal Seite 86

TROPFSTEINE wachsen in 20 Jahren einen Zentimeter, das letzte Mal sei er vor knapp einem Zentimeter dort gewesen, erzählte Jens Sparschuh – zurückgekehrt aus dem Harz und seinen Höhlen Seite 28

RUBRIKEN

SEITE 102

BERGE IM FLUG

Skispringer fangen früh an und werden im Sommer geboren. Sobald sie ihren Sprungstil gefunden haben, geht's auf die Großschanze

MERIAN | Info >> SEITE 114

>> Titelthemen

DER NEUE PEUGEOT 407. AB JETZT
407

1991

BROCKEN Zeitsprung

Endlich offen: Im Mai 1991 begann die Bundeswehr, den Brocken vom Mauerkranz der DDR-Grenze zu befreien. Die 3,5 Meter hohen Betonteile hatten den Blocksberg seit 1985 in eine beklemmende Festung verwandelt – Sperrgebiet war er da schon lange. Am 7. Oktober fiel das letzte Mauersegment, genau 42 Jahre nach Gründung der DDR. Bis zu 15 000 Besucher besteigen seither den Berg pro Tag.

2004

ZAHLENSPIEL

400 000 000
Kubikmeter Wasser fassen die Harz-Talsperren zusammen

1800
Millimeter Niederschlag fallen auf dem Brocken pro Jahr, ein Rekordwert für Mitteleuropa

1500
Grad beträgt die Temperatur im Feuerloch einer Dampflok

500
Kilometer Loipen werden in der Winterzeit im Harz gespurt

300
Tage im Jahr verschwindet die Brockenspitze im Nebel

132
Kilometer ist das Netz der Harzer Schmalspurbahnen lang, es ist damit das größte in Europa

124
Bergseen und -teiche machen den Harz zu einem Wasserreich

96
Stunden muss der Harzer Roller, der nach dem Gebirge benannte Käse, mindestens reifen

68
Euro geben Touristen durchschnittlich pro Tag und Person im Harz aus

3
Bundesländer haben Anteil am Harz: Sachsen-Anhalt, Niedersachsen und Thüringen

2,9
Grad warm ist es auf dem Brocken im Durchschnitt

1951

1962

1973

1951 gab es das erste MERIAN-Heft über den Harz. Die folgenden Ausgaben beschrieben das Gebirge schon als zweigeteilt. Zum Glück ist das wieder anders

ROLANDE Wächter der Ecken

Stolz und kraftvoll stehen sie in Quedlinburg, Neustadt oder Nordhausen (Foto) an den Ecken der Rathäuser: die Rolande. Die überlebensgroßen Figuren sind aus Eichenholz geschnitzt und bunt bemalt, einige in Stein gehauen. Ihr Erscheinungsbild ist ebenso wie ihre Entstehung mittelalterlich: Plattenharnisch, Prunkgürtel, Arm- und Beinschienen sowie eine Lockenpracht auf dem Kopf. In der Hand halten sie meist ein Schwert oder erheben sie zum Schwur. Damit symbolisieren Rolande die Markt-, Münz- und Zollrechte einer Stadt, außerdem sind sie Sinnbild für ein starkes Bürgertum. Der älteste Roland im Harz stammt aus dem Jahr 1433 und wacht in Halberstadt über das Rathaus.

WALPURGISNACHT **Wenn Hexen** tanzen

In der Nacht zum 1. Mai tanzen die Hexen auf dem Blocksberg um das lodernde Feuer. Die Walpurgisnacht geht auf germanische Ursprünge zurück, ein Frühlingsfest sollte böse Geister vertreiben. Im Zuge der Christianisierung benannte man das Fest nach der heiligen Walburga. Diese Bräuche fanden im Spätmittelalter ein grausames Ende: Bei Hexenverbrennungen starben bis zu 500 000 Menschen auf dem Scheiterhaufen. 133 Männer und Frauen wurden 1589 allein in Quedlinburg verbrannt. Heute wird die Walpurgisnacht vor allem in Thale, Schierke und St. Andreasberg wieder mit Hexentänzen, Nachtwanderungen auf den Brocken und Geistervertreibung zu Sonnenaufgang gefeiert.

Mit Besen auf den Brocken: Die Hexen von Elbingerode fliegen nicht, aber feiern wild

HARZER ROLLER **Käse** auf die Hand

Ob als Rolle, rundlicher Fladen oder mit Edelschimmel überzogen – Hauptsache, der Geruch stimmt. Die Harzer lieben ihren Käse pur auf einer Stulle, auch wenn er oft nicht mehr im Harz hergestellt wird. Ein Kilogramm Sauermilchkäse gewinnt man aus 100 Litern Magermilch, deshalb ist er auch besonders fettarm. Den Namen Harzer Roller erhielt er, weil ihn die Bauern früher von Hand zu kleinen Laiben formten. Das machen heute Maschinen, aber noch immer dauert es vier bis acht Tage, bis der Käse gereift ist, noch mal so viele, bis er „läuft“, sprich: zerfließt. „Laufen muss er“, sagen die Harzer.

RITTERSPIELE **Mittelalter** live

Die Fachwerkhäuser und Burgruinen im Harz sind die perfekte Kulisse für den Auftritt von tapferen Rittern und edlen Burgfräulein. In den Sommermonaten werden vielerorts Kettenhemd und Holzschwert aus dem Schrank geholt und auf historischen Ritterspielen zum Einsatz gebracht – besonders eindrucksvoll zu erleben an der Burgruine Regenstein bei Blankenburg, auf Burg Falkenstein oder an der Konradsburg in Ermsleben. Mittelalterliche Musik tönt dann über den Marktplatz, Gaukler, Handwerker und Schausteller bevölkern die Burgen, und abends kann man an langen Tafeln ein ritterliches Gelage feiern. Für Kinder ist der Ausflug ins Mittelalter ein echtes Abenteuer, Theater, Eselreiten und Bogenschießen inklusive.

LUCHS Wieder **wild**

Der letzte Luchs wurde 1818 an den Harzer Sonnenklippen geschossen. Wie Bären und Wölfe wurden Luchse im Harz ausgerottet, obwohl sie ungefährlich und scheu sind. 1999 beschloss man die Wiederansiedlung der bis zu 75 Zentimeter großen Katze – berühmt für ihre ausgezeichnete Sehkraft und zu erkennen an Pinselohren und Stummelschwanz. 17 sind seitdem in die freie Wildbahn entlassen worden, weitere Tiere werden in einem Auswilderungsgehege auf die Freiheit vorbereitet. Ein einzelner Luchs benötigt ein Revier von bis zu 150 Quadratkilometern, deshalb ist im Harz nur für 30 Tiere Platz. Auf der Suche nach einem geeigneten Revier oder Weibchen legt ein Luchs weite Wege zurück. Waldbesucher werden ihn, da ausgesprochen scheu, aber kaum zu Gesicht bekommen – außer im Schaugehege Rabenklippe bei Bad Harzburg.
www.nationalpark-harz.de

HARZ | FLOP

AUF KEINEN FALL SOLLTEN SIE …

>>… im Internet zu viel auf Harzseiten surfen: Über den Bildschirm wedelnde Besen, winkende Hexen und der zu oft gelesene Slogan „Harzige Grüße" mindern die Reiselust.
>>… den vielen Harzer Kräuterschnäpsen zu sehr zusprechen: Erst räumen sie den Magen auf, dann verkleben sie den Gaumen, später die Sinne.
>>… an einem Feiertag auf den Brocken wandern – das machen alle anderen auch.
>>… im Nationalpark querfeldein laufen, dort gilt Wegegebot und für Waldi Anleinpflicht.
>>… beim Wandern die Entfernungen unterschätzen; gerade in den Tälern ist die Zeit von der Dämmerung zur absoluten Finsternis kurz.
>>… in der weißen Jahreszeit ohne Winterreifen aufbrechen, die beginnt im Harz Anfang November und endet Ende April.

HARZ | TOP

UNBEDINGT SOLLTEN SIE …

>>… sich dem Gebirge sehenden Auges von Nord oder Süd nähern, aus der Tiefebene zumal: Plötzlich erhebt sich der Harz aus dem Nichts – mit Bergen wie Bretter vor dem Kopf.
>>… mit der Schmalspurbahn durch den Tann zuckeln, vorzugsweise durchs Selketal oder zum Brocken. Wer mag, kann sich obendrein zum Ehrenlokführer ausbilden lassen.
>>… warme Sachen mitnehmen – auch im Sommer – und in einer Tropfsteinhöhle faszinierende Welten erkunden.
>>… das Fachwerkstädtchen Stolberg besuchen; eine Art Rothenburg im Harz – nur weit stiller, weil ohne Touristen.
>>… von den Orten Elend und Sorge wenigstens schon mal gehört haben, irgendwer fragt bestimmt: Und, im Harz auch Elend und Sorge gesehen?
>>… im Westharz nicht sagen, dass der Ostharz schöner ist (umgekehrt gilt das auch).

MINERALIENSAMMLUNG

Stein**reich**

Nirgendwo in Deutschland gibt es so viele unterschiedliche Gesteine wie im Harz, manche bis zu 560 Millionen Jahre alt. Die Geosammlung der Technischen Universität Clausthal umfasst mehr als 120 000 Mineralien, Fossilien und Gesteine aus dem Harz und der ganzen Welt, 6000 davon sind zu bestaunen: Kristalle von schneeweißen Quarzen, pyramidenförmigen Fluoriten oder messinggelben Schwefelkiesen. Die seit 1775 bestehende Sammlung ist eine der größten ihrer Art in Deutschland. **Geosammlung, Adolph-Roemer-Str. 2a, Clausthal-Zellerfeld Tel. (053 23) 72-27 37 oder -25 86, http://geomuseum.tu-clausthal.de,** *Di-Fr 9.30-12.30, Do auch 14-17 Uhr, So 10-13 Uhr (Sa geschlossen).*

Kunstwerke der Natur: Antimonit aus Rumänien (o.) und Gipskristalle aus Sizilien (r.)

„Das war meine Lieblingskurve."

Fahren wird intensiver. Di

► Es gibt Millionen von Kurven, die Sie noch nicht kennen. Aber Sie werden eine lieber mögen als die andere. Dafür sorgen die direktere Lenkung, das noch präzisere Fahrwerk und die neue 6-Gang-Schaltung des DIRECT CONTROL-Pakets der C-Klasse. Genau wie der drehfreu-dige C 230 KOMPRESSOR, der für jedes Modell erhältlich ist. Machen Sie doch

„Das sagst du seit zwei Stunden."

neue Generation der C-Klasse.

mal eine Probefahrt. Dabei werden Sie auch spüren, dass die C-Klasse wertvoller geworden ist. Dank dem neu gestalteten Interieur und der Klimaautomatik. Mehr dazu direkt unter www.mercedes-benz.de und bei Ihrem Mercedes-Benz Partner.

Mercedes-Benz
Die Zukunft des Automobils.

Wenn Pfiffe in den Wäldern gellen, bricht die Schmalspurbahn durch den Tann

Foto: Paul Langrock

Über Berg und tiefes Tal

Das nördlichste deutsche Gebirge ist in der Literatur oft beschrieben worden: Für MERIAN ging nun der Schriftsteller Jens Sparschuh auf Harzreise

Fotos: Ralf Kreuels

Foto: Wilfried Bauer

Seen spiegeln

Die Rappbodetalsperre hält Trinkwasser zurück, ihre deshalb gerodeten Ufer wirken wie Kaleidoskope

weite
Himmel

Balken halten

Stolberg ist ein Rothenburg ob der Tauber – nur im Harz und mit weniger Touristen aus Übersee

alte Häuser

Bei der Höhlentherapie in Bad Grund liegen dick eingepackte Kurgäste im Eisensteinstollen und atmen tief durch

kühle Kuren

zieren

Wiesen

Bei Herzberg ist der Harz kein dunkles Mittelgebirge, sondern eine lichte Hügellandschaft

Bilder füllen

Vor den prächtigen Gemälden im Huldigungssaal des Goslarer Rathauses tagten einst die Ratsherren

ganze Säle

Flüsse fräsen

Das Bodetal im Ostharz gilt als Grand Canyon des Mittelgebirges

enge

Schluchten

Die Oker im Westharz ist ein Wildwasser und damit Raftingrevier

Der Harz, Deutschlands nördlichstes Mittelgebirge, liegt nur knapp drei Autostunden von Berlin entfernt als schwerer Brocken in der Tiefebene. Ich nähere mich ihm auf der B 81. Zu sehen ist noch nichts, dafür aber *Hit Radio Brocken* zu hören: „Auf geht's!“, haucht mir die Moderatorin hinter Halberstadt zu. Außer dem besten Musikmix für Sachsen-Anhalt hat sie noch aktuelle Blitzermeldungen parat. So erreiche ich unbeanstandet Thale, die klassische Basisstation. „Soll es der Harz sein? Dann auf nach Thale!“; steht in meinem alten Reiseprospekt.

Finster ist es. Da folge ich den Lockungen des Rotlichts, den Lampions vom Hotelrestaurant „Chen“ – vormals Hotel „Wilder Jäger“; es ist der Großen Halle des chinesischen Volkes nachempfunden und bis auf den letzten Platz leer. „Schwer, schwer, alles“, klagt Herr Chen, als er den Zimmerschlüssel aushändigt; „ha-ha-ha“, lacht er mir über die Theke hinterher.

Beim abendlichen Rundgang merke ich, Thale ist, seit ich das letzte Mal hier war, internationaler geworden: ein griechisches Restaurant, ein türkischer Imbiss, noch ein weiterer Chinese. Bloß – die Stadt ist merkwürdig leer. Vielleicht schlafen ja die Einheimischen schon alle? Dann sehe ich aber doch noch einen. In einer unergründlichen Kutte, die Trainingshosen in Halbstiefel gestopft – so steht er in der Karl-Marx-Straße vor der ehemaligen Speisegaststätte „Zum guten Happen“ und liest das frisch angepappte, pizzarunde Werbeschild: „Weck den Italiener in dir!“ Offenbar ist der Mann am Überlegen, ob er das jetzt wirklich tun soll, dann verschwindet er aber lieber im undurchdringlichen Dunkel der Harznacht.

„Weil es recht im Thale, am Fuß des Harzgebürges liegt, so hat es davon auch den Namen“, erklärt in seinem 1785 erschienenen Harzbuch „zum Unterricht und Vergnügen der Jugend“ J.A.E. Goeze. Stimmt. Aber das sieht man erst bei Tageslicht.

Richtig ernst genommen habe ich den Harz nie. So viel Gebirge oder eben so wenig, wie jemand aus dem Flachland aushalten kann: Wegweiserlabyrinthe, ausgetretene Pfade, Geländergelände. Hinter jeder zweiten Ecke lauern Kaffee, Kuchen und schöne Aussichten. Wohin man spuckt, eine Sage. Und Goethe war auch schon da. Zur Roßtrappe hinauf, erklärt mir die Frau in der Information, gehen Sie am besten den Goetheweg. An den erinnert hier aber nichts. Dafür haben andere Vorgänger Spuren hinterlassen: Die Bäume am Weg sind mit Initialen und Namen versehen. CCCP, JAKOB + NELE waren hier! O.K.

Die Roßtrappe, der berühmte, in Stein gehauene Pferdefuß des Harzes, entstand laut Sage, als der wilde Bodo bei einer Verfolgungsjagd zu Pferde eine schöne Prinzessin zu einem todesmutigen Sprung über das Tal zwang. Da gerade niemand in der Nähe ist, versuche ich es – trotz des Schildes, die Natur bitte sauber zu halten – gleich selbst einmal. Aber schon nach wenigen Metern verliert sich mein Apfelgehäuse im hölzernen Gefilde. Unten im Tal rauscht es. Das hört sich verdächtig nach Autobahn an – muss jedoch, wie ich nach Vergleich mit meiner Karte feststelle, die Bode sein. Beruhigt falte ich die Karte zusammen und genieße mit geschlossenen Augen den Naturlärm.

Thales andere Sehenswürdigkeit ist der Hexentanzplatz. Zu sehen sind dort in alphabetischer Reihenfolge: Hexenbüfett (RUHETAG), Hexenhaus, Hexenküche, Hexenlädchen und Hexenstübchen; der Teufelsgrill (Pech & Schwefel sind nichts dagegen!) liefert entsprechend dicke Luft. Zu hören ist hier aber auch was. In der warmen Jahreszeit bietet das Harzer Bergtheater ein buntes Programm für ergraute Junggebliebene von hüben wie drüben: Peter Kraus, der König des Rock'n' Roll, neben Ostrock Live. Dazwischen Original Egerländer und volkstümliche Nachmittage. Jetzt ist es zum

Teiche tragen weiße Schleier

Sanfte Hügel, fette Wiesen und lichte Laubwälder ziehen sich bis an den Oberteich bei Stiege

Glück noch still. Nicht ganz: Im nahegelegenen Tierpark, wo es einheimische Auerhähne gibt, auch Wildkatzen und Nerze in echtem Pelz, heult schauerlich ein Wolf auf; fluchtartig verlasse ich diesen verhexten Berg, suche durchs Bodetal das Weite. Die Sonne schickt ein paar rostrote Strahlen hinter mir her.

Als sich vor Tausenden von Jahren das Harzgebirge auftürmte, entstanden unten Risse, Klüfte und Höhlen. Der Bergmann Friedrich Baumann fand 1536 solch eine Höhle, irrte einige Tage darin herum und verlor dabei seinen Verstand. Kein Wunder, angesichts dieser wunderlichen Tropfsteingebilde, die auch Goethe schon (schon wieder!) besucht und gezeichnet hat. Regnet es oben, tröpfelt es unten erst vierzehn Tage später durch. In zwanzig Jahren wächst ein Tropfstein sieben Millimeter. Man darf die Steine nicht berühren, weil das Fett der Fingerkuppen wasserabweisend ist, das würde das Wachstum verlangsamen. Das letzte Mal war ich vor ungefähr einem Zentimeter hier.

„Berg der Angst", titelt die *Bild-Zeitung.* Noch nie, lese ich da, verunglückten so viele Menschen am Brocken wie in diesem Jahr. Schöne Aussichten für morgen. Von Schierke soll es aufwärts gehen.

„Auf strenges Ordnen / raschen Fleiß / erfolgt der / allerschönste Preis." So empfängt mich, als ich nach halbstündiger fauchender Schmalspurbahnfahrt oben bin, in Stein gemeißelt: Goethe! Das ist doch der Gipfel: Was um alles in der Welt soll denn „rascher Fleiß" sein? Der Allgegenwärtige gibt mir Rätsel auf, die ich aber heute nicht löse: Fernsicht, so weit das Auge reicht. Ich habe den falschen Zeitpunkt erwischt, normalerweise ist die Spitze des Berges an mehr als 300 Tagen des Jahres in Nebel gehüllt. Deshalb wahrscheinlich sind auch die Brockenhexen, die oft mit Windstärke 10 und mehr um die kahlen Granitstöcke fegen, von unten so selten zu sehen.

Eine faustgroße Brockenhexe mit Blechbrille und rotem Drahthaar schwebte in den sechziger Jahren auf einem Besen durch mein Kinderzimmer. Dass es ein Exil war, wusste ich damals nicht. Ihre Heimat, der Brocken, war nach dem Krieg zwischen die Blöcke und mitten ins undurchsichtige Nebelgebiet der Spione geraten. „Urian", so lautete, passend zum Ort, der Deckname für die hier installierte MfS-Funkspionage-Einrichtung. „Dort sammelt sich der große Hauf / Herr Urian sitzt obenauf", heißt es im Faust. Der Klarname von Herrn Urian (Fremdwörter-Duden: „unwillkommener, unliebsamer Mensch") ist klar: Teufel.

Von unten aus gesehen, im Volksmund, hieß diese teuflische Anlage „Moschee": zum Schutz vor Regen und Kälte waren Abhörgeräte und Richtantennen unter einer silbergrauen Kuppel aus Glasfasersegmenten versteckt. Und der Funkturm daneben erinnerte an ein Minarett. Nach 1989 sollen mehrmals Gruppen islamischer Pilger angereist sein, um kopfschüttelnd nach dieser sagenhaften Moschee zu suchen. Außerdem kamen natürlich auch immer wieder ostdeutsche Bürgerrechtler: ebenfalls bärtig, ebenfalls kopfschüttelnd.

Inzwischen hat sich der Besucherverkehr normalisiert. Vertreter aller deutschen Stämme sitzen friedlich vereint bei Kartoffelsalat, Würstchen und Bier in der Brockenbaude. Man ist sich wieder näher gekommen. Kein Vergleich zu den Zeiten deutsch-deutscher Trennung, als der Harz, in der Mitte Deutschlands gelegen, konsequenterweise mittendurch geteilt worden war und so in eine merkwürdige historisch-geografische Randlage geriet. Was übrig blieb, war auf der einen Seite Zonenrandgebiet mit Ausflugsgaststätten und Aussichtstürmen; auf der anderen Grenzsperrzone, dort standen die DDR-Soldaten auf ihren Wachttürmen. Und so betrachtete man sich also in Deutschland jahrzehntelang gegenseitig durchs Fernglas. Voller Interesse. Nun, da man sich, wie in der Brockenbaude, wieder mehr auf die Pelle gerückt ist („Ist hier noch frei?" – „Nee!"), sollte es nicht verwundern, dass mitunter auch die auseinanderstrebenden Kräfte wachsen.

Die Brockenbahn pfeift heran – und pünktlich mit mir ab. „Viele Steine, / müde Beine, / saure Weine, / Aussicht keine", schrieb Heinrich Heine über seinen Brocken-Besuch. Nun, da es abwärts geht, sieht man mehr. Gebannt starre ich aus dem Zugfenster. Schwer zu entscheiden, ob die Welt unten größer oder kleiner ist. Umstieg ins Auto. An Sorge und Elend vorbei – Richtung Braunlage. Elend liegt im Sonnenschein. Für die Mönche aus Ilsenburg im Nordharz begann bereits hier, wenn sie nach Rom pilgerten, *ellende*, mittelhochdeutsch – das Ausland. Überhaupt, die Harzbewohner sind gut gemischt, die alten Karten haben thüringische, fränkisch-hessische, ober- und niedersächsische Farben. Man kann das illustre Völkchen der Harzbewohner also kaum auf einen Nenner, geschweige denn unter einen Hut bringen.

Zum Beispiel in Braunlage: die gut betuchte Lodendame mit Filzhut plus Gamsbart. Das Hütchen, finde ich, wirkt doch etwas aufgesetzt – so alpin ist das hier auch wieder nicht. An der B 4, kurz hinter Braunlage, wirbt das Gutshaus Oderbrück weithin sichtbar mit „dem kürzesten Wanderweg zum Brocken." Eine Art später Lastenausgleich: Nach 1989, als der Ostharz wieder frei zugänglich wurde, verlor die westliche Seite ihren Pars-pro-toto-Status als Ersatzharz. Leer stehende Hotels und Pensionen sind die stummen Zeugen dieser Vergangenheit.

Abends, in Bad Harzburg, dreht ein tiefergelegter VW seine einsamen Runden. An der getönten Heckscheibe steht JÄGERMEISTER, und so verhält sich der Insasse dieses fahrenden Lautsprecherwagens auch. Mit Vollgas auf die rote Ampel zu – zack: Vollbremsung. Noch nachts höre ich ihn.

An Schlaf ist nicht zu denken, so denke ich an die junge rothaarige Frau aus dem Harzburger Casino. Sie ist nahe Hildesheim geboren, hat gerade als Hotelfachfrau ausgelernt – und nun hat sie einen Traum: nach Quedlinburg oder nach Wernigerode zu gehen, in eines der dort neu entstandenen Hotels. Das hätte man sich vor Jahren nicht träumen lassen: junge Westfrau träumt sehnsüchtig, schimmernden Auges vom Osten. Die herkömmliche Ost-West-Geografie nebst dazugehörigen Biografien ist im Harz nach 1989 entschieden durcheinandergebracht worden.

Anderntags komme ich vom Weg ab – wie so oft in dieser rätselhaften Landschaft, die, weil zeitgemäß beschildert, wie eine Einladung wirkt – um diesen einen Abstecher auch noch zu machen: Osterwieck am Rand des Nordharzes sieht aus wie die zufällig stehen gebliebene Kulisse eines Historienfilms. Das hat die Stadt gemeinsam mit Goslar, Wildemann oder Stolberg. Nur vereinzelt knattern Mopeds durchs Bild. Ein paar vergessene Statisten stehen herum. Hier verlaufe ich mich unentwegt; so eng sind die Fachwerkgassen dort, dass ich die Stephani-Kirchtürme, meine Orientierung, stets aus dem Blick verliere. Der Bürgermeister sitzt im Museum. Rechts vom Eingang hat er sein Büro. Er trägt Vollbart und Schmidt-Mütze und muss gleich los.

Ich auch: Blankenburg, Nordhausen. Am Fuße des Kyffhäusers ein verwittertes Barbarossa-Denkmal. Es ist vor „Moni's Bistro" aufgebaut und lässt melancholisch seinen 3x-Dreitagebart durch die weiße Stehtischplatte wachsen. Schwarze Vögel umkreisen die Stätte; schon will ich abbiegen, da entdecke ich Wiehe. Im Stall einer früheren LPG ist die weltweit größte Modelleisenbahnanlage zu besichtigen – und da endlich finde ich den Überblick, den ich suchte. Im LGB-Format (= Lehmanns Groß-Bahn) ist der Harz auf dieser Platte so echt, wie man ihn in Wirklichkeit nur selten erleben kann. Ein Zug rattert heran – vorbei an Kunstrasenflächen, Felsen aus Pappmaché, fingergroßen Bahnhofsvorstehern und anderen Kleindarstellern des Lebens, schnauft die Brockenbahn im Maßstab 1:22,5 tapfer den Blocksberg hinauf.

Da schlägt mein wildes Modelleisenbahnerherz gleich hoch und höher – höher als jeder Harz aus Stein! – und ich ahne dunkel, was Heinrich Heine meinte, als er schrieb: „Der Brocken ist ein Deutscher." □

Jens Sparschuh, *geboren 1955, lebt als Schriftsteller in Berlin und veröffentlicht Hörspiele und Romane, darunter so viel beachtete wie „Der Zimmerspringbrunnen" und „Lavaters Maske".* **Ralf Kreuels,** *Jahrgang 1962, Fotograf in Kempen, erlebte den Harz als spannendes Ziel, auch für eine längere Reise.*

Züge ziehen lange Fahnen

Seit dem 1. Juli 1992 fährt die Brockenbahn wieder fahrplanmäßig zum Blocksberg

DER APPETIT KOMMT MIT DEM LESEN.

◀ MIT BROSCHÜRE: DIE BESTEN WEINGÜTER ÖSTERREICHS

Macht schon beim Lesen Appetit: Deutschlands führendes Gourmet-Journal für kulinarische Lebensart. Ob Rezepte und Reisen, Leckeres und Lifestyle – DER FEINSCHMECKER öffnet alle Sinne für den Genuss. Im guten Zeitschriftenhandel oder im Abonnement unter **Telefon 040/87 97 35 40 und www.der-feinschmecker-club.de**

DER FEINSCHMECKER
DAS INTERNATIONALE GOURMET-JOURNAL

Ausstattung modellabhängig bzw. optional.

Stil spielt eine dominierende Rolle in Ihrem Leben? Dann sollten Sie sich den **neuen Cadillac XLR** anschauen. Dieses aufregende neue Auto überzeugt auch den verwöhnten Auto-Enthusiasten mit bahnbrechendem Design, atemberaubender Leistung und zeitgemäßem Luxus. All dies in einem extravaganten neuen Roadster mit genau dem Charisma, das Sie gesucht haben. Eukalyptusholz und feinstes Leder, dazu Instrumente im Metall-Look, entworfen vom berühmten italienischen Designer Bvlgari. Alles atmet Stil und Raffinesse im Interieur des XLR. Drücken Sie den Starterknopf und erleben Sie den kraftvollen Sound des 4,6-Liter-Northstar-V8 mit 32 Ventilen und seinen eindrucksvollen 240 kW/326 PS.

„STIL IST AUSDRUCK VON INDIVIDUALISMUS, VERBUNDEN MIT CHARISMA.“
– JOHN FAIRCHILD –
BREAK THROUGH
www.cadillaceurope.com
Erleben Sie den XLR. Ihren nächsten Cadillac Händler finden Sie auf unserer Website, wenn Sie +80 00-CADILLAC (00 80 00-2 23 45 52) anrufen, natürlich kostenlos, oder eine E-Mail an infocenter@cadillaceurope.com schicken.
Cadillac

Mittelalter gut geliftet

Der Marktplatz mit Rathaus und Wohltäterbrunnen sind für Wernigerode Aushängeschild und Treffpunkt zugleich

Viele Harzstädte sind unbeschadet über die Zeiten gekommen. Fünf, einander so ähnlich wie verschieden, ließ MERIAN von Einheimischen porträtieren, Lokalpatrioten natürlich

Texte: Frauke Meyer, Fotos: Marc-Oliver Schulz

Das Schloss von Wernigerode bietet Historimus an allen Ecken, innen als Museum und außen als stolze Ritterburg

Wernigerode ist im Lauf der Jahrhunderte immer wieder abgebrannt. Und wenn es mal nicht das Feuer war, das wütete, kamen Krieg oder Pest und beutelten die Stadt. Immer wieder mussten die Leute von vorn anfangen. Zwar gibt es deswegen kaum noch Gebäude aus dem Mittelalter, aber die kleinen bescheidenen Fachwerkhäuser aus späteren Jahrhunderten konnten erhalten werden. Ohne Engagement der Einwohner wäre das nicht möglich gewesen.

Aber so sind die Wernigeröder: Sobald es um die Stadt geht, findet sich immer jemand, der sich einsetzt. Auf Täfelchen am Wohltäterbrunnen auf dem Marktplatz kann man lesen, wer sich um die Stadt verdient gemacht hat. Einer von ihnen ist Oberst Gustav Petri. Er ist zwar kein Wernigeröder, aber ein ebensolcher Dickkopf wie alle Leute hier. Um zu verhindern, dass die Stadt von den Amerikanern zerstört würde, weigerte er sich Ende des Zweiten Weltkriegs, sie bis aufs Letzte zu verteidigen. Dafür haben ihn die Nazis ermordet.

Da die Häuser aus verschiedenen Epochen stammen, ist die Stadt abwechslungsreich und farbenfroh. Neben Schloss und Rathaus gibt es noch andere lohnende Ziele, das „Kleinste Haus“ zum Beispiel, das um 1800 gebaut wurde und heute Museum ist. Es sieht so aus, als würde es nur eine schmale Lücke zwischen zwei Häusern füllen, neben Küche und einer Dachkammer hat es nur einen Raum von zehn Quadratmetern, in dem einst eine neunköpfige Familie lebte! Ein „Schiefes Haus“ haben wir auch, eine frühere Mühle, die auf einer Seite weggesackt ist. Es sieht aus, als würde es jeden Moment umkippen, ist aber innen gerichtet worden, so dass den Bewohnern nicht die Butter vom Tisch rutscht.

Besonders Kunst und Kultur liegen bei uns vorn. Hier werden ständig Vereine gegründet, zum Beispiel für den Erhalt des Kammerorchesters oder der Kunstverein, der vom Handwerk über Grafik bis zu Jazz alles Mögliche fördert. 17 Chöre singen in der Stadt, daneben haben wir eine vierzehntäglich erscheinende Kulturzeitung, ein Kongresszentrum, die Harzbücherei und sogar ein Planetarium. Wir leben vom Tourismus, Industrie und Pharmazie, die Arbeitslosenquote liegt mit 15 Prozent um einiges unter der in den Nachbarstädten. Es geht uns verhältnismäßig gut, und ich denke, das ist einer der Gründe für die freundliche, offene Atmosphäre in der Stadt.

> Es geht uns verhältnismäßig gut, das ist einer der Gründe für die freundliche, offene Atmosphäre in der Stadt

Das „Kleinste Haus“ heißt wie es ist und illustriert Wohnkultur von gestern, zehn Quadratmeter misst die Wohnstube

Wernigerode

Rainer Schulze, geboren 1946,
Buchhändler und Kabarettist

Goslar

Walter Erdmann, Jahrgang 1930, Inhaber des Puppen- und Musikinstrumentenmuseums

Die Kaiserpfalz gilt als der größte romanische Palast in Deutschland, ist aber zu Teilen eine Rekonstruktion

Als ich vor 30 Jahren zum ersten Mal nach Goslar kam, traute ich meinen Augen kaum: Wo ich auch hinsah, überall alte Gebäude. Früher verdiente ich mein Geld als Artist und Musikclown und war dadurch viel herumgekommen; meine Familie zog in einem Zirkuswagen umher. Aber so viel Pracht auf einmal hatte ich noch nicht gesehen. Nicht umsonst nennt man Goslar wegen seiner vielen Sehenswürdigkeiten das „nordische Rom", und seit 1992 zählen die Altstadt und das Bergbaumuseum zum Weltkulturerbe.

Die Entdeckung einer Silberader vor 1000 Jahren hat die Stadt reich gemacht. Deshalb auch wurde die Kaiserpfalz hier gebaut. Im 16. Jahrhundert war die Stadt auf dem Höhepunkt ihrer Macht, damals gab es hier mehr als 40 Kirchen, Klöster, Stifte und Spitäler. Noch heute sieht man die Reste des Stadtwalls, an dem mal mehr als 100 Wachtürme standen. Ein städtebauliches Juwel ist auch der Marktplatz. Umringt von alten Stein- und Fachwerkbauten, wirkt er besonders schön im Winter, wenn die Häuser und die Weihnachtsmarktbuden mit Lichterketten beleuchtet sind. Und das Rathaus muss man von innen gesehen haben: Im Huldigungssaal sind Holzwände und -decke vollständig mit Szenen aus Bibel und Stadtgeschichte bemalt.

> Nicht umsonst nennt man Goslar das „nordische Rom". Mit Kirchen, Klöstern und der Kaiserpfalz

Auch die fünf großen Kirchen, die über die Jahrhunderte hinweg erhalten geblieben sind, bieten dem Kunst- und Musikliebhaber viel. Und dann gibt es insgesamt sieben Museen: Ob Zinnfiguren, moderne Kunst, Puppen und Musikinstrumente oder mittelalterliche Folterwerkzeuge – hier kann man die Stadt in ihren Details erleben.

So schnell es ging, zogen wir nach dem ersten Besuch von Berlin hierher. Goslar ist zwar eine Stadt mit großem kulturellem Angebot, zugleich aber auch überschaubar, und man kann alles zu Fuß erreichen. Nicht dass ich mich auf einem Spaziergang durch die engen Straßen heute noch ins Mittelalter zurückversetzt fühle – dafür ist es wohl zu sauber. Aber ich weiß, wieviel Kraft und Ausdauer nötig sind, ein altes Haus zu erhalten. Das Patrizierhaus, in dem ich mit meiner Familie wohne, wurde 1510 erbaut. Die ständig nötigen Reparaturen des alten Mauerwerks kosten Zeit, Geld und Mühe. Aber das bringt man bei so viel Schönheit gern auf.

Acht hölzerne Kaiserfiguren zieren seit dem 17. Jahrhundert die Fassade der Kaiserworth, früher ein Gildehaus, heute Hotel

Wenn auf dem Marktplatz in Goslar kein Wochenmarkt ist, zieht die Kaiserworth von 1494 alle Blicke auf sich

1600 Häuser wie die in der Breiten Straße haben Quedlinburg den Ruf als Fachwerkmetropole des Harzes und den Titel „Weltkulturerbe“ eingetragen

Acht Straßen münden in den bereits im 10. Jahrhundert angelegten Marktplatz, dem Herz der Altstadt

In Quedlinburg stolpert man auf Schritt und Tritt über die Geschichte. Mein Heimatort zeigt anschaulich, wie deutsche Städte einst entstanden sind. Die Straßen wuchsen in größer werdenden Kreisen um das Zentrum herum, und noch heute geht man über Kopfsteinpflaster durch schmale Gassen, am Mühlgraben entlang und zuletzt steile Treppen hinauf zum Schlossberg. Von dort oben ist genau zu erkennen, wie sich die Häuser aus Lehm und Fachwerk eng aneinander schmiegen. Jedenfalls in der Altstadt. Die größeren und prächtigeren Fachwerkhäuser entdeckt man in der Neustadt dahinter, zudem schmucke Jugendstilgebäude, die ewig weite Landschaft, dann die Harzberge.

Heinrich I. fühlte sich pudelwohl in Quedlinburg. Der Legende nach erhielt er am heutigen Finkenherd die Nachricht, dass er zum König gewählt wurde. In der Stiftskirche liegt er begraben. Dort ist auch der erst vor wenigen Jahren wieder aufgetauchte Domschatz zu bewundern. Nach dem Zweiten Weltkrieg hat ein texanischer Leutnant alles, was sich gut verpacken ließ, per Feldpost nach Hause geschickt. Als seine Erben die kostbaren Stücke verscherbeln wollten, kamen sie 1993 gegen Zahlung von sechs Millionen Mark wieder zu uns.

Auf dem Schlossberg gründete Heinrich I. einst einen Königshof und baute die Quitilingaburg zur seiner Lieblingsfestung aus

Quedlinburg, dessen Altstadt Weltkulturerbe ist, war als Handelzentrum einst wohlhabend und schon zu Zeiten der sächsischen Herrscher eine bedeutende Metropole. An den Schnitzereien der unzähligen Hausbalken erkennt man die die Vorlieben der verschiedenen Jahrhunderte. Das muss für spätere Generationen erhalten bleiben, habe ich immer

Am Finkenherd fühlte sich Heinrich I. pudelwohl

gedacht. Das war auch der Grund, weshalb ich in den siebziger Jahren Bauingenieur wurde. Damals gab es in der Stadt bereits erste Diskussionen über die Sanierung der alten Häuser. Unglücklicherweise wurde in Quedlinburg viel mit Nadelhölzern gebaut – die sind für Hausschwamm sehr anfällig – und später mit Billigrestaurierungen nur vorübergehend gerettet. Heute sind wir gründlicher: Wir entkernen die Häuser bis auf ihr Holzskelett und tauschen die maroden Balken aus, bevor wir die Gefache wieder schließen.

Wer sich die versteckten Winkel der Stadt ansehen möchte, sollte am „Tag des offenen Denkmals" kommen – immer am zweiten Sonntag im September. Die Quedlinburger tragen ihr Herz sonst nicht gerade auf der Zunge: An diesem Tag aber öffnen alle voller Stolz ihre Türen, und reden ohne Punkt und Komma, während sie ihre Häuser vorzeigen.

Quedlinburg

Thomas Schackert, geboren 1954, Bauingenieur

Clausthal-Zellerfeld

Swantje Hildebrandt-Küster, geboren 1962, Musherin (Schlittenhundefahrerin)

Mein Großvater war Bergmann und lief jeden Tag zehn Kilometer zur Arbeit. Da brauche ich keinen Sport mehr, hat er immer gesagt. Wenn zu viel Schnee lag, kam er nachts nicht nach Hause – das waren harte Zeiten. Heute freuen wir uns, wenn viel Schnee liegt, dann haben wir beste Trainingsbedingungen und die Winterportler ihr Paradies. Dutzende Loipen führen durch den Wald, die zum Teil bis 21 Uhr beleuchtet sind.

Seit 1981 finden hier alljährlich die internationalen Schlittenhunderennen statt. Seit etwa zehn Jahren bin ich mit unseren Huskies dabei; letztes

Im Sommer treffen sich Clausthaler und Zellerfelder auf dem Bergbauernmarkt, genießen Harzer Käse und heimischen Kräuterschnaps

Jahr kamen mehr als 10 000 Besucher. Es ist zauberhaft, durch die verschneiten Wälder zu spurten. Der Schnee stiebt in alle Richtungen, die Hunde hecheln, und an den Rändern der Strecke spornen die Fans sie an. Die Landschaft um Clausthal ist aber nicht nur im Winter zauberhaft. Es gibt gut ausgeschilderte Wanderwege mit geringen Höhenunterschieden. Jogger kommen auch auf ihre Kosten. Im Sommer kann man in 60 Bergseen schwimmen.

1924 haben sich Clausthal und Zellerfeld zusammengeschlossen. Noch bis 1930 wurde hier Bergbau betrieben, die kleinen Holzhäuser der Bergleute prägen auch heute das Stadtbild. Im Sommer treffen sich die Einheimischen donnerstags auf dem Bergbauernmarkt, genießen Harzer Käse und, na klar, heimischen Kräuterschnaps. Zusammen mit der Salvatoris-Kirche mit dem Tübke-Flügelaltar ist das unsere „Kulturmeile" in Zellerfeld. Die bekannteste Sehenswürdigkeit steht allerdings in Clausthal: die größte Holzkirche Deutschlands.

Ohne den Bergbau sähe hier alles anders aus. Die Teiche wurden erst von den Bergleuten angelegt, um die Gruben zu entwässern und das Erz zu fördern. Auf den Bergbau geht auch die Mineraliensammlung der Technischen Universität zurück – neben Erzen fanden die Bergleute unter Tage Kristalle und Minerale in ausgefallenen Formen und Farben. Die Technische Universität prägt Clausthal seit ihrer Gründung als Fachschule für Bergbau 1775: Als angesehener Forschungsstandort verschafft die TU uns Arbeit und Aufmerksamkeit. Die Studenten kommen aus aller Welt, sie machen mit ihren internationalen, multikulturellen Festen Clausthal-Zellerfeld zu einer jungen, bunten Stadt.

Mit 2200 Sitzplätzen ist die 1637-42 erbaute Marktkirche zum Heiligen Geist in Clausthal der größte hölzerne Sakralbau Deuschlands

66 fratzenartige Balkenköpfe zieren die Bergapotheke im Stadtteil Zellerfeld. Deshalb heißt das Gebäude im Volksmund „Fratzenhaus“

So museal sie im Inneren auch aussehen mag, die Apotheke von 1674 mit Stuck und altem Interieur ist kein Museum

Die Dreifaltigkeit von Schloss, Kirche und Fachwerkhäusern dominiert das mittelalterliche Stolberg seit alters her

Bei uns in Stolberg fällt vieles niedrig, schmal und klein aus: Die Haustüren stammen häufig aus dem Mittelalter, und die Deckenhöhe mancher Häuser ist auch nichts für große Leute. Eigentlich besteht die Stadt außer dem Schloss nur aus zwei Straßen und ein paar Gassen, aber die sind ausschließlich von bunten, reich verzierten Fachwerkhäusern gesäumt. Manche davon sind so alt und schief, dass man fürchtet, das vorkragende Obergeschoss könnte einem vor die Füße fallen. Wir kennen uns hier alle untereinander; auch die Besucher, von denen viele jedes Jahr kommen, schätzen die Geborgenheit und Gemütlichkeit.

Die Stadt schmiegt sich in drei enge Täler, rundherum sind wir von Hügeln und Bergen umzingelt. Deswegen hat sich Stolberg seit der Verleihung des Stadtrechts um 1300 kaum vergrößert. Auch hat es nie moderne Industrie gegeben. Bis zum 17. Jahrhundert arbeiteten die Menschen im Bergbau, danach prägten Lein- und Zeugweber die Stadt. Heute leben wir allein vom Tourismus. Schließlich gibt es hier noch viel unberührte Natur. Und wenn zur Brunftzeit nachts die Hirsche röhren, hallt das so laut, dass man glaubt, die stehen direkt neben einem. Stolberg, das ist noch heile Welt. Obendrein liegt der Ort im Regenschatten des Harzes, so dass wir ein warmes, trockenes Klima haben.

Die Stadt ist von größeren Katastrophen über die Jahrhunderte hinweg verschont geblieben, selbst im Zweiten Weltkrieg wurde nur ein Haus zerbombt. Deshalb sieht es heute noch so aus wie 1525, als Martin Luther in der Martinikirche predigte. Da wir auch zu DDR-Zeiten ein beliebter Ferienort waren, blieben sogar die Häuser in Schuss. Nur das Schloss hat gelitten, darum geben wir dort mit unserem Chor öfter Benefizkonzerte. Wenn sich der Chor unter dem prächtigen Barockstuck und den Temperagemälden im Blauen Saal aufstellt, dann treffen wir selbst beim Einsingen jeden Ton. □

Stolberg schmiegt sich in drei enge Täler, an eine heile Welt

Frauke Meyer, *geboren 1969, Journalistin in Hamburg, schrieb die Geschichten der fünf Harzer auf.*
Marc-Oliver Schulz, *41, freier Fotograf in Hamburg, bereiste das Mittelgebirge für dieses Heft mehrmals.*

Stolberg

Roswitha Schulze, Jahrgang 1945, Inhaberin des Gasthauses Kupfer

HEUER & SACHSE

„BRINGT MICH HIN“

TABA • NUWEIBA • DAHAB • SHARM EL SHEIKH • EIN SOUKHNA • EL GOUN

Erst wenn die Dampflok gehoben ist, können die Räder ausgebaut werden. Im Fuhrpark der HSB ist sie ein Youngster, und mit dem Baujahr 1956 sogar jünger als der Schienenbus daneben

HEAVY METAL

Seit fast 100 Jahren fahren Schmalspurbahnen im Harz. Manche der Dampfloks, die zum Brocken stampfen, sind nicht viel jünger. Hin und wieder müssen sie zur Reparatur

Text: Fred Langer
Fotos: Christian Kaiser

Damit Rot-Schwarze wie diese von 1918 immer rüstig und flott bleiben, wird auch entlang der Strecke, im Bahnhof Alexisbad, öfter „abgeölt“

Ersatzteile für Oldtimer gibt’s nicht im Baumarkt, die werden selbst gemacht

Lokführer Rainer Berghoff (r.) und Heizer Rainer Mazala sind ein Team

Schweißarbeiten gehören zum Einmaleins eines Mechanikers im Bahnbetriebswerk, der Job verlangt jedoch weit mehr an Fingerspitzengefühl

Wenn sich die verwitterte Holztür im Hinterhof des Bahnhofs Wernigerode-Westerntor öffnet, fällt der Blick weit zurück in die Vergangenheit: Schwitzende Männer schuften in schwarzen Kesseln. Rußflocken wirbeln aus offenen Rauchkammern in die Halle. Mit der Fackel prüfen Arbeiter ein geplatztes Rohr. Ketten klirren und rasseln, wenn tonnenschwere Werkteile auf den Haken kommen. Der grelle Schein flüssigen Metalls beleuchtet die Szenerie. So sahen Arbeitsplätze aus, als das Industriezeitalter Fahrt aufnahm.

Dickes Metall hallt unter wuchtigen Hammerschlägen. Funken sprühen, Waschwasser rauscht aus Luken und Ritzen. Draußen vor der Halle stehen schemenhafte Gestalten in wabernden Dampfschwaden, mit riesigen Schraubenschlüsseln stellen sie Ventile ein. Die archaische Maschine faucht, stöhnt, seufzt, ächzt. Modern Times am Rand des Harzes.

„Wir haben 25 Dampfloks in Betrieb“, sagt Holger Prochnau von den Harzer Schmalspurbahnen (HSB). Er führt Besucher durch das Instandhaltungswerk in Wernigerode. „Die ältesten stammen noch aus dem 19. Jahrhundert.“ Doch dies ist kein Museumsverein mit Hobby-Heizern, die am Wochenende zum Vergnügen in die Kessel kriechen. „Unsere Loks werden im Linienverkehr auf einem Streckennetz von 132 Kilometern Länge eingesetzt. Hier kommt jeden Tag eine Waschlok rein.“

Das bedeutet: Kessel reinigen. Im Fachjargon: abschlammen. An die 8000 Liter Wasser verdampft eine Lok auf der 33 Kilometer langen Fahrt zum Brocken; 900 Höhenmeter legt sie dabei zurück, anderthalb bis zwei Tonnen Steinkohle werden verbrannt. Die Ablagerungen, die bei dem Kraftakt entstehen, müssen ausgespült werden. Auch Maurerarbeiten fallen gelegentlich an: Mit Kelle und Spachtel wird der Rauchkammerboden zementiert, damit die Flugasche das Metall nicht angreifen kann.

Der wichtigste Job beim Boxenstopp der Ungetüme aber gilt dem Fahrwerk: Die 60 Tonnen schwere Lokomotive wird hochgehievt, die Achsen schweben am Kran zur gegenüberliegenden Hallenseite, wo Heinz Schröder sie in die Drehmaschine spannt. Schicht um Schicht trägt der Industriemechaniker ab, der zu DDR-Zeiten noch zum Dampflokschlosser ausgebildet wurde. Hauchdünne Lamettabänder fallen zu Boden, Unebenheiten verschwinden, Spurkränze erhalten ein neues Profil – das durch die engen Kurven im Harz schnell wieder verschleißen wird.

Schröders Kollege Ulrich Schütze steht in der Gießerei und stellt Ersatzteile her. Bei 420 Grad hat er schwere Blöcke einer Blei-Zinn-Legierung verflüssigt, mit der Schöpfkelle gießt er die silbrige Metallsuppe in Formen. Am Ende sollen neue Treibachslager entstehen, jene schwer beanspruchten Teile, die Treibstange und Rad einer Dampflok verbinden.

„Das lernst du auf keiner Schule", sagt Bodo Buth, der die neun Lehrlinge im Bahnbetriebswerk zu Industriemechanikern ausbildet. „Jede Lok ist anders, jedes Lager, jede Stange, jede Achse. Bis auf den Kessel machen wir alles selbst." Das richtige Know-how im Umgang mit den Lok-Veteranen müssen sich seine Schützlinge bei den älteren Kollegen abschauen. Bis weit in die Achtziger setzte die DDR noch Dampfloks im Güterverkehr ein. „Aber allmählich", sagt Buth, „sterben die Spezialisten aus."

Mit den neunziger Jahren kam beinahe das Aus für die schwarzroten Prachtstücke in Wernigerode. Die Reichsbahn wollte sie durch Dieselloks ersetzen, die ersten dieser ungeliebten „Harz-Kamele" waren bereits angeschafft. Erst im letzten Moment erkannten die Gemeinden die touristische Zugkraft der Dampfloks.

Werkstattmeister Karl-Heinz Boose ist seit 1967 im Betrieb und wundert sich noch heute, „dass wir das ganze Wende-Wirrwarr so gut überstanden haben." Es gab nur zwei Entlassungen, auch heute steht das Unternehmen gut da: Fünf neue Leute wurden eingestellt, ein dritter Hubstand aufgebaut. In der Werkstatt arbeiten 35 Mann; 60 Heizer und Lokführer sind auf der Harzquerbahn, der Brocken- und Selketalbahn unterwegs, den drei Teilstrecken der HSB.

Rainer Helm wei

Die Harzer Schmalspurbahnen sind nicht nur eine Fremdenverkehrsattraktion, sie fahren auch im täglichen Personennahverkehr. Für die Pendler morgens um sieben wird allerdings keine Dampflok geheizt. Längst gehören auch moderne Triebwagen zum Fuhrpark.

Für die Männer in der Werkstatt bedeutet das: flexibel zwischen den Epochen hin und her wechseln. Eben

Öl und Ruß darf nicht scheuen, wer historische Bahnen in Schuss hält, seiner Hände Arbeit mag. Zwischendurch kommt Waschpaste zum Einsatz

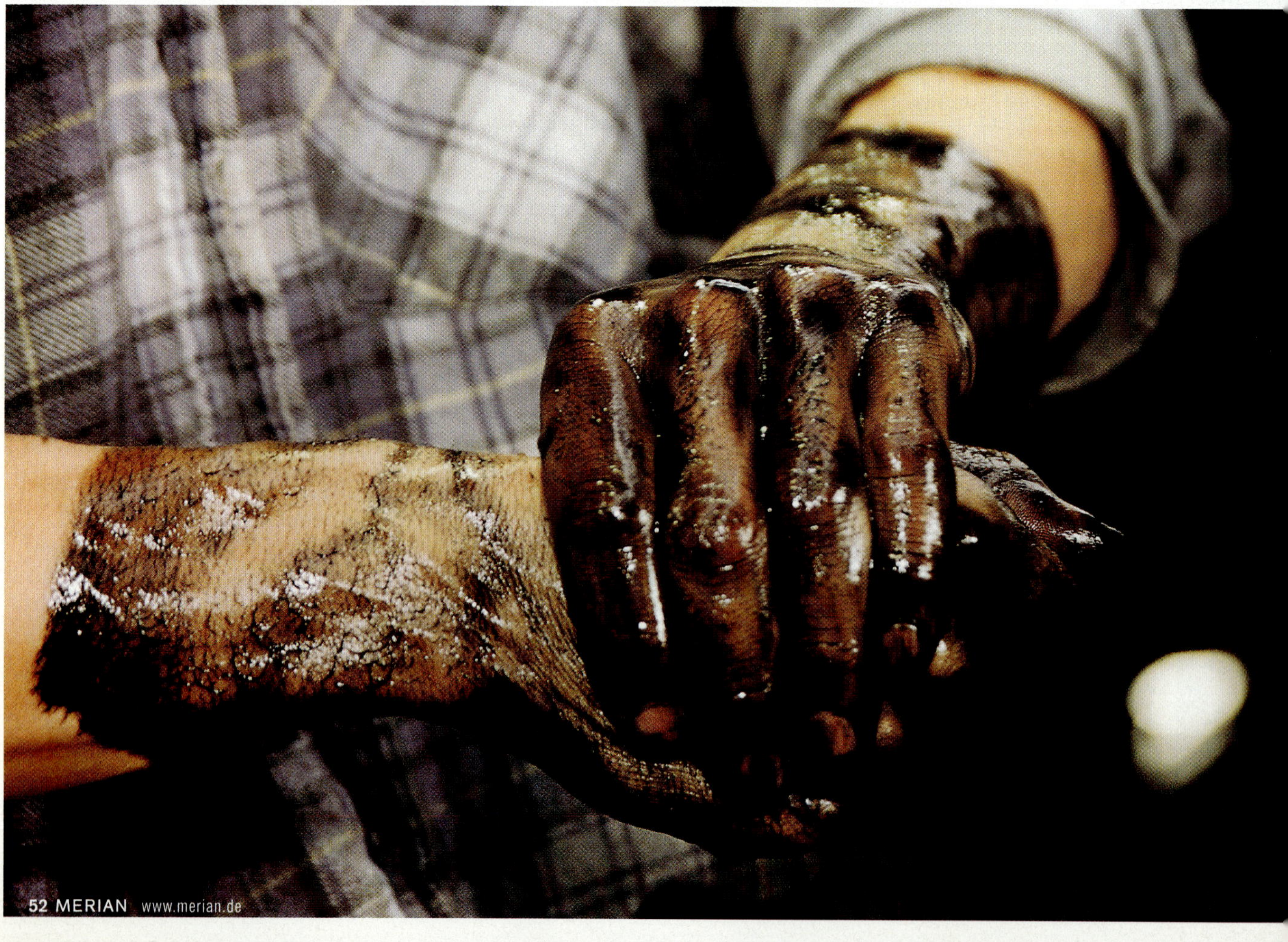

nn ein altes Dampfross neues Futter braucht

Millimeterarbeit war schon 1926, als die Werkstatt gebaut wurde, der Schlüssel zum Erfolg

Seit bald 90 Jahren ist diese Lokomotive im Einsatz, bis zu sieben Waggons zieht sie – so lange alles läuft – im Personenverkehr durchs Selketal

Palmen haben es im Harz schwerer als Schmalspur

Bahnbetriebswerker mit den Insignien ihrer Arbeit vor einem Objekt ihrer Leidenschaft

noch hat Dirk Hache an einer Dampflok Baujahr 1897 geschraubt, schon rollt ein gut 100 Jahre jüngerer Triebwagen in die Halle. Hache legt den Hammer weg, wäscht sich die Hände und stöpselt sein Laptop ein.

Die Besucher aber wollen die Dinosaurier des Industriezeitalters erleben. Keine abstrakte Software aus Einsen und Nullen, Heavy Metal mit Schrauben und Nieten. Man sieht, hört, riecht, wie sie ihre Kräfte entfalten, versteht, was in ihrem Inneren vor sich geht. Der Anblick der alten Schlachtrösser macht sentimental: Mit ihnen wurde unsere moderne Welt erobert. Sie brachten Pioniere zu fernen Horizonten und schufen ein neues Zeitgefühl: Vor Einführung der Bahnfahrpläne war die Minute nur eine theoretische Größe.

Im Harz begann das Eisenbahnzeitalter allerdings mit Verspätung. Zwar wurde schon Mitte des 19. Jahrhunderts diskutiert, wie man die Bodenschätze der Region auf der Schiene abtransportieren kann. Vor den Kosten einer Gebirgsbahn aber schreckten die Investoren zurück. Erst 1887 ging die erste 10,2 Kilometer lange Teilstrecke zwischen Gernrode und Mägdesprung in Betrieb, als Schmalspurbahn, was den Trassenbau erheblich günstiger machte.

Auch der Tourismus war früh von Bedeutung. Auf einer Ansichtskarte reimt sich 1897: „Es grüne die Tanne / Es wachse das Erz / Gott schenke uns Allen / Ein fröhliches Herz." Um 1929 fuhren sogar Kurswagen aus Amsterdam und Paris gen Harz. Die Strecke auf den Brocken aber wurde ab 1961 nur noch von DDR-Grenzern genutzt. Erst 30 Jahre später kam Norddeutschlands höchster Gipfel wieder auf den Fahrplan.

Zug 8931 steht abfahrbereit im Bahnhof Wernigerode, Ziel: die 1125 Meter hoch gelegene Brockenstation. Lokführer Mathias Eilers gibt mit einem Hebeldruck Dampf auf den Kolben. Ein paar Handgriffe, ein lang gezogener Pfiff, dann setzt sich die Lok stampfend in Bewegung.

In den Rundinstrumenten für Druck und Temperatur beginnen die Zeiger zu zittern, im Wasserstandglas tanzt die Flüssigkeitssäule, der Eimer mit Schmierfett, der im Führerstand hängt, schwankt hin und her. Grell lodern die Flammen im Feuerloch, Heizer Jens Hartmann schippt Kohlen nach. Nur auf der Lokführer-Seite grüßt die digitale Welt mit Zahlen: Das Display des modernen Tachometers zeigt 22,8 Stundenkilometer an.

Eilers lehnt aus dem Seitenfenster; nach vorne versperrt der Kessel die Sicht. Draußen gleitet Fachwerk vorüber. Am Bahnübergang schickt der Lokführer einen Doppelpfiff durch die Gassen. Nicht weil ihm danach ist, sondern weil die „Pfeiftafel" es verlangt, ein weißes Schild mit schwarzem „P" am Streckenrand. Ab und an zieht er am Hebel für den Sandstreuer, damit die Antriebsräder an steilen Passagen nicht durchdrehen.

Der Zug rattert durch finsteren Tann, Eilers wendet die Würste, die auf einer Ablage über dem Feuerloch garen. Der Heizer legt nochmal zehn Schippen drauf, beim nächsten Stopp wird Wasser nachgetankt. Zwischen bemoosten Felsen geht es in dichtem Nebel bergan, dann bricht der Zug durch die Wolken, eine sonnendurchflutete Gebirgslandschaft tut sich auf. Noch ein Pfiff, der triumphierend über die Harzhöhen hallt, ein letztes Schnaufen: Das Ziel ist erreicht. Die Würste wären dann auch so weit. □

Fred Langer, *43, ist Reporter in Hamburg. Bei der HSB erfüllte er sich einen Jugendtraum: einmal Lokführer sein.*
Christian Kaiser, *43, hat sich von klein auf für Dampfloks interessiert. Für den Hamburger Fotografen war der Auftrag deshalb eine Reise in die Kindheit.*

Bei Alexisbad gehen selbst Oldies auf die Überholspur

MERIAN | INFO Schmalspurbahnen

Die Harzer Schmalspurbahnen (HSB) fahren auf drei Strecken von rund 132 Kilometer Länge. Die Harzquerbahn (60,5 Kilometer) überwindet das Mittelgebirge zwischen Nordhausen und Wernigerode. Bei Drei Annen Hohne zweigt die Strecke zum Brocken ab. Die Brockenbahn fährt knapp eine Stunde durch den Nationalpark Hochharz bis zum 1125 Meter hoch gelegenen Brockenbahnhof. Die Strecke der Selketalbahn (52 Kilometer), die schönste des HSB-Netzes, führt zwischen Gernrode und Hasselfelde durch romantische Landschaften.

Kundenservice der HSB im Bahnhof Wernigerode-Westerntor
Tel. (039 43) 55 81 50, Fax 55 81 48
www.hsb-wr.de

DAMPFLOK-ABENTEUER:
Führungen durch das Bahnbetriebswerk in Wernigerode Fr 13.30 Uhr, Erw. 2,50 €, Kinder 1,50 €, zudem Mi um 13.30 Uhr, wenn in Sachsen-Anhalt und Niedersachsen Ferien sind. Termine für Gruppen auf Anfrage.
Mitfahrt im Dampflok-Führerstand 15 Kilometer, 30 €; strapazierfähige Kleidung empfohlen. Reservieren!
Ausbildung zum „Ehrenlokführer": 11-tägiger Kurs auf und an der Dampflok, Fahren im normalen Linienverkehr unter Aufsicht und Anleitung, 795 €. 3-tägiger Schnupperkurs für 270 €. Rechtzeitig buchen.
Sonderfahrten und Fotosafaris mit historischen Traditionszügen zu festgelegten Terminen, außerdem Pauschalangebote mit Übernachtungen.

Die HSB bilden das längste zusammenhängende Schmalspurnetz Deutschlands

>> weitere Tipps im Infoteil auf den Seiten 114-136

DIE WA

Bis zu 45 Kilometer legte der Kaiser am Tag zurück, im Gefolge Hunderte von Menschen, immer auf dem Weg dorthin, wo seine Macht zu bröckeln drohte. Was waren das für Herrscher, die reisend und ohne Hauptstadt das Heilige Römische Reich Deutscher Nation regierten?

VON PFALZ ZU PFALZ IM HARZ: DIE DEUTSCHEN KAISER DES MITTELALTERS REGIERTEN EIN GROSSREICH IM VORÜBERZIEHEN

NDERKAISER

TEXT: CHRISTIAN T. SCHÖN | ILLUSTRATIONEN: JUTTA DREWES

Wir stapfen durch das Unterholz. Mit den Füßen scharren wir die dünne Schneedecke und das plattgedrückte Gras zur Seite und legen die Reste eines Steinfundaments frei. Ein rechteckiger Grundriss. „Das war der Palast mit den Wohngemächern des Kaisers. Drei Räume. Zwei Stockwerke.“ Knut Kamann, Denkmalpfleger aus Elbingerode, deutet auf einen Erdhaufen, kaum größer als ein Maulwurfhügel. „Und dort waren die Wallanlagen. Mit einer massiven Steinmauer bewehrt.“

Schwer vorstellbar, dass an diesem abgelegenen Ort im Harz vor 1000 Jahren massive Gebäude und Türme standen: die Pfalz Bodfeld. Kaiser Otto I. war dreimal hier, der zweite Otto viermal, der dritte dreimal. Heinrich III. starb hier in Gegenwart von Papst Viktor II. Mächtige Besucher. Kaiser und Könige, die Kaiser wurden, Herrscher des Heiligen Römischen Reiches Deutscher Nation. Was führte sie so häufig in den Harz? Was führte sie nach Bodfeld, ins Gebirge?

Reich ohne Hauptstadt

Vom 10. Jahrhundert an kannte das Heilige Römische Reich keinen festen Regierungssitz. Keine Kapitale, keinen Zentralstaat. Stattdessen zogen die Kaiser von Pfalz zu Pfalz, und in ihrem Gepäck wanderte die Hauptstadt durch die Lande und wurde in Tagesetappen etwa alle 30 Kilometer aufgeschlagen. Heute hier, morgen dort. Auf Pferderücken, über nicht eben komfortable Buckelpisten und Schlaglöcher, Geröllstraßen und schlammige Hohlwege. Straßenbefestigung – was ist das? Links und rechts der urdeutsche

In den Pfalzen blieb der Kaiser mal eine Nacht, mal 14 Tage – kein gern gesehener Gast, denn wo der Herrscher wohnte, mussten die Einheimischen ihn und seinen Tross verpflegen. Die Folge: Vorräte gingen aus, das einfache Volk litt Hunger und Not

Urwald, undurchdringlich, tief, finster, mit umgestürzten Stämmen, herabgefallenen Ästen, ruchlosen Banden, gefährlichen Raubtieren.

Was war das für eine Macht, die im Vorbeigehen herrschen konnte? Ohne Telekommunikation und Tagespresse. Wie konnte ein Einzelner ein Reich, das sich von der Nordsee bis Italien, von der Oder bis zur Maas erstreckte, regieren? Unermessliche Ausmaße, wenn man bedenkt, dass eine Pferdestärke als Dienstlimousine reichen musste.

Kaisertreue und Gehorsam der weltlichen und geistlichen Fürsten basierten auf einem einfachen Tauschhandel. Der Kaiser verschenkte regionalen Einfluss: Ländereien, Grundbesitz, Ämter, Privilegien und Rechte. Im Gegenzug leisteten die Lehnsherren Unterstützung bei politischen Entscheidungen, der Heeresbildung und bei der Versorgung des Königshofes. Ein über Jahrhunderte praktiziertes System.

Doch auf die symbolischen Gesten, mit denen die Regierungsmacht ihre Fäden zog – ein Händedruck für den neuen Lehnsherren, ein Zepter für die Äbtissin, eine bunte Fahne für den Fürsten – durften sich die Kaiser nicht zu lange verlassen. Nur wenige Beteiligte konnten die Abmachungen in den Urkunden nachlesen. Vertrauen hin oder her – der Kaiser musste persönlich in den Sattel steigen, um im Zweifel seine rechtsgültige Herrschaft mit einer feierlichen Weihung zu erneuern oder durch seine Anwesenheit in Erinnerung zu rufen. Nicht beim Volk, Bauern und Handwerkern, sondern bei deren Herren, den Landesfürsten, Herzögen, Grafen, Bischöfen und Erzbischöfen. Daneben zwangen ihn ökonomische Interessen, Bruderzwist und Konflikte mit dem Papst und den Fürsten ununterbrochen auf die Reise und oft in den Krieg. Die Straße war sein Zuhause, und so reihten sich die Pfalzen bald wie eine Perlenkette entlang der *viae regiae*, der Königsstraßen zwischen Sachsen (Harz), Franken, Schwaben und Bayern.

Der Harz im Zentrum der Macht

Die christliche Mission schlug ihre blutigen Wege über die Reichsgrenzen hinaus: Sie führte Karl den Großen in den Norden. In zermürbenden Kleinkriegen eroberte er Sachsen, den Harz ließ er sich als Jagdgebiet sichern. 919 – mit der Wahl des Sachsenherzogs Heinrich I. zum deutschen König – kam der erste Aufschwung Ost. Unter den Ottonen (919-1024) entwickelte sich der Harz zum ökonomischen Zentrum des Reiches: Silber und Eisenerz wurden abgebaut und verhüttet. Unter den fränkischen Saliern (1024-1125) schloss sich der Ring der Pfalzen um den Harz: im Norden

Kaiserzeit: Von Karl dem Großen bis zum Gang nach Canossa

772-804 Karl der Große erobert und missioniert Sachsen gewaltsam. Der Harz liegt nun im Grenzgebiet des Frankenreiches zu den Slawen. Nach der Reichsteilung **843** gehört Sachsen zum Ostfränkischen Reich. **919** Sachsenherzog Heinrich I. wird ostfränkischer König. Er baut Quedlinburg zur Reichspfalz aus und dehnt das Reich **928** bis zur Oder aus. Dank seiner Hausmacht – unterstützt durch Silber- und Kupferabbau im Harz – entwickelt sich Sachsen zum Zentrum des Reiches. **936-973** Otto I. stärkt die Macht der Bischöfe. Seine Macht wird durch die Abgabe von Rechten und Ländereien jedoch geschwächt. **1005-15** Heinrich II. hält Hoftage in Goslar ab. **1040-50** Heinrich III. errichtet in Goslar eine Pfalz mit Steingebäuden, **1046** setzt er in Italien drei Päpste ab: Höhepunkt der kaiserlichen Macht über die Kirche. **1056-65** In der „kaiserlosen Zeit" schwindet die Hausmacht des Königs. Heinrich IV. versucht ab **1065** mit der Einsetzung von „Ministerialien" und Enteignungen in Sachsen Einfluss zurückzugewinnen. **1073** Sachsenaufstände. **1075** Ausbruch des „Investiturstreits". **1077** Heinrich IV. unterwirft sich Papst Gregor VII. in Canossa. Mit der Wahl eines Gegenkönigs beginnen unruhige Zeiten für den König. **12. Jh.** Zwist zwischen Staufern und Welfen. Territoriale Aufsplitterung des Harzes. Neue Machtzentren bilden sich im Main-Rhein-Raum.

Goslar, Halberstadt, Quedlinburg, im Süden Allstedt, Wallhausen, Tilleda, Nordhausen, Pöhlde. Das dichte Netz kaiserlicher Quartiere war eine Machtdemonstration im Grenzgebiet zu den nicht immer königstreuen Sachsen und den östlich von Elbe und Saale lebenden heidnischen Slawen.

Man darf darüber spekulieren, welche Heimatgefühle die bezwingbaren Höhen des Harzes, seine Wälder und Gebirgsflüsse in den Herzen der Ottonen und Salier auslösten. Heinrich I. zog es vor, seine Vogelfalle in Quedlinburg zu richten, während er in Fritzlar zum König gekrönt wurde. Otto I. erblickte am Fuße des Unterharzes das Licht der Welt und kehrte ungezählte Male in die Heimat zwischen Harz und Saale zurück. Heinrich III. hat sein Herz sprichwörtlich in Goslar verloren, wo es in der Ulrichkapelle bestattet liegt, während sein Leichnam in Speyer beerdigt wurde. Die Zeit der Wanderkaiser war vielleicht – historisch nicht belegbar – die Geburtsstunde des Tourismus im Harz.

Wo der Kaiser Halt macht, hungert das Dorf

Der Himmel des Mittelalters war – entgegen verbreiteter Vorstellung – nicht mit feuchtem Felsgestein vermauert, sondern leuchtete kobaltblau und golden wie die Kuppel des Ostchors der im 10. Jahrhundert errichteten Stiftskirche Gernrode. Die Menschen wohnten in mit Schilf oder Stroh gedeckten Holzhäusern. Die Jahreszeiten bestimmten das Leben in den Dörfern. Im Sommer bestellten die Bauern Äcker und trieben das Vieh auf die Weiden, im Winter handwerkelten sie in ihren Grubenhäusern. Schuster, Schmiede, Drechsler, Stellmacher, Seifensieder, Bäcker, Weber, Töpfer und Knochenschnitzer stellten wertvolle Waren, dünne Lederschuhe, fein gewebte Unterwäsche und verzierte Holzschalen her. Zum Waschen ging man ins beheizte Schwitzhaus. Hafer, Roggen, Dinkel und Weizen waren die Hauptnahrungsmittel; der Ertrag der Felder betrug ein Achtel der heutigen Menge. Ein Schwein gab zehn Kilogramm Fleisch. Waffen und Ausrüstung eines Reiters kosteten umgerechnet 20 Kühe. Das Volksgetränk Wein lachte in den

Bäuchen der Dorfleute. Um zu überleben, wurde genau kalkuliert. Die Vorräte mussten über den Winter reichen und ein ganzes Dorf ernähren. In schlechten Erntejahren mussten alle den Gürtel enger schnallen. Auch der wandernde Kaiser! Denn er und sein Hof lebten von den Erträgen der zu den Pfalzen gehörenden „Tafelgüter", die Proviant für den hohen Besuch erwirtschaften und bereithalten mussten. Von A wie Apfel über K wie Käse, Karotte, Kirsche, Knoblauch, Kresse zu P wie Pastinak, Pfau, Pflaume, Porree bis Z wie Ziege – ein üppiger Speiseplan. Doch die „Königsgastung" ging oft über die Kapazitäten dieser Wirtschaftshöfe hinaus. Immerhin befanden sich im kaiserlichen Gefolge 200 bis 300 Mann, die bewirtet werden mussten. Beamte, Schreiber, Notare. Oft begleiteten Fürsten und Bischöfe den Hof, ein jeder mit seinem Gefolge. Manchmal blieben sie über Wochen an einem Ort. Zu Hoftagen und Reichssynoden (in Goslar dreimal zwischen 1005 und 1015) kamen 1000 Menschen zusammen, die essen und trinken wollten. Neun Bauern mussten auf dem Feld ackern, um einen aus dem Tross des Kaisers zu verpflegen. Eine Belastung, der kein Dorf auf Dauer gewachsen war. Die „Königsgastung" war und blieb ein unlösbares Problem. Um Unmut und Hunger zu minimieren, mussten Kaiser und Gefolge schnell wieder im Sattel sitzen und weiterziehen, um dadurch – auch das ein Grund für ihr Wandertum – die Belastung im Land zu verteilen.

Pfalzen und Stiftskirchen

Gernrode: Stiftskirche St. Cyriakus
Das einstige Damenstift (959 - ca. 1010) ist ein Meisterwerk ottonischer Baukunst.
Burgstraße 3, Tel. (03 94 85) 275, April-Okt. Mo-Sa 9-17, So 12-17 Uhr

Goslar: Kaiserpfalz und Domvorhalle
Von Heinrich III. 1040-50 errichteter, wuchtiger Bau, außen und innen im 19. Jh. umgestaltet. Die Königshalle schmückt ein Bilderzyklus zur Kaiser-Verehrung im 19. Jh. In der Ulrichkapelle soll das Herz des Erbauers bestattet liegen. Am Domplatz (Parkplatz!) steht noch die Domvorhalle der Stiftskirche.
Kaiserbleek 6, (053 21) 311 96 93, April-Okt. 10-17, Nov.-März 10-16 Uhr

Kyffhäuser: Burgruine, Kyffhäuser-Denkmal
Die Anlage war vom 10.-12. Jh. eine der größten Burgen des Reiches. Heute überragt das Kyffhäuser-Denkmal (1890-96) die Ruinen.
B 85 zwischen Kelbra und Bad Frankenhause Tel. (03 46 51) 27 80, Nov.-April 10 bis 16.30 Uhr, Mai-Okt. 9-18.30 Uhr

Goslar und Tilleda

Wie sah eine Pfalz aus? Der Historiker schüttelt den Kopf. „Viele Hypothesen." Christoph Gutmann vom Städtischen Museum spaziert über die Grünfläche vor der Kaiserpfalz in Goslar. „Kernbestandteile waren ein repräsentativer Bau und eine Kapelle, Pfalz- oder Stiftskirche für die Familie des Kaisers." Die Spuren? „Überbaut oder abgerissen." Gutmann deutet auf einen Parkplatz: „Dort stand die Stiftskirche, Dom genannt." Die im 19. Jahrhundert rekonstruierte Kaiserpfalz gibt nur eine Impression von der Größe des Herrschaftsgebäudes. In der unbeheizten Königshalle, der *aula regia*, mit zugigen Fenstern saß der Kaiser über Streitigkeiten zu Gericht, hier wurden Schenkungs- und Ernennungsurkunden unterzeichnet und das Siegel mit dem Herrscherkonterfei in das weiche Wachs gedrückt. Sie war der festliche Rahmen für Weihnachten, Ostern, Hoftage und Empfänge.

Südlich des Harzes, in Tilleda, hat man die Fundamente einer Pfalz ausgegraben. Der Wind pfeift über das Plateau, etwa 20 Meter über den Wiesen der Goldenen Aue. Fast sechs Hektar Fläche. Werkstätten und Wohnhäuser befanden sich in der Vorburg. Über zwei Meter stark und fünf Meter hoch waren die Mauern. Auf einem tiefer gelegenen Gebirgsausläufer standen Scheunen, Speicher und Ställe. Zwei Wälle trennten die Vorburg von der Hauptburg mit der Königshalle, ein zweistöckiger Holzbau, von dekorativ behauenen und bemalten Säulen getragen. Kunstvoll gewebte Teppiche schmückten die Wände. Gegenüber wurden später eine Pfalzkirche und Wohngemächer aus Stein dazugebaut. Einzelzimmer gab es nur für den Kaiser. Ein unterirdisches Heißluftsystem versorgte alle Räume mit Wärme. Das Gefolge schlug derweil seine Zelte in der Vorburg zwischen den Werkstätten und Wohnhäusern der Bauern und Handwerker auf.

Des Kaisers Luxus und Leidenschaft

Travel = travail, Reisen = Arbeit. Diese Gleichung galt für die Kaiser über Jahrhunderte. Nur einmal im Jahr gönnten sie sich eine Auszeit. Immer, wenn es ihre Regierungsgeschäfte erlaubten, reisten sie im September von weit her zur Jagd nach Bodfeld im Harz, jenem Ort mitten im Wald, an dem heute nur eine Schautafel steht. Bodfeld war Luxus, Leidenschaft und Zeitvertreib! Mit Jagdhunden, Speer und Wurfnetz, Pfeil und Bogen zogen sie aus und kehrten zurück mit erlegten stolzen Zwölfendern und Aug' in Aug' erstochenen Wildsauen. Wie oft sie ihre Taten an jenen Abenden erzählten, wieviel Wein sie zum Braten tranken und ob sie die Strapazen des Regierens vergaßen – davon sprechen die Urkunden nicht. Das Lachen des Kaisers war nicht Teil des Protokolls. ☐

Christian T. Schön, *geboren 1974, freier Autor in Hamburg, entdeckte bei der Recherche die faszinierenden Seiten des Mittelalters.*
Jutta Drewes, *geboren 1965, Illustratorin, empfand bei der Beschäftigung mit rastlosen Kaisern tiefe Dankbarkeit für einen festen Wohnsitz.*

Kaiserliche Symbole und Gesten sollten die Treue der Lehnsherren sichern. Doch wenn Siegel oder Reichsapfel an Einfluss verloren, half nur noch ein Besuch vor Ort, zur Not gerüstet und kampfbereit

Quedlinburg: Stiftskirche St. Servatius
Von der Lieblingspfalz Heinrichs I. sind nur noch Kellergewölbe erhalten. Der Neubau der Stiftskirche stammt aus dem 12. Jh.
Schlossberg 1, Tel. (039 46) 70 99 00, Apr.-Okt. Di-Sa 10-18, So 12-18, Nov.-Apr.-16 Uhr

Tilleda: Freilichtmuseum Königspfalz
Erstmals 972 erwähnt, wurde die Pfalz bis ins 11. Jh. von Kaisern genutzt, bevor sie verfiel. Erst 1935-79 wurde sie freigelegt. Das sechs Hektar große Gelände gibt die Dimensionen einer Pfalz 1:1 wieder. Mehrere Häuser der Vorburg wurden rekonstruiert.
Tel. (03 46 51) 29 23, tgl. April-Okt. 10 bis 18 Uhr, Nov.-März 10-16 Uhr

Schwer zu lokalisieren sind die Pfalzen in Allstedt, Nordhausen, Pöhlde und Wallhausen. Jagdpfalzen lagen in Bodfeld, Hasselfelde und Siptenfelde. Routen auf den Spuren der Kaiser bietet der Reiseführer „Wege deutscher Kaiser und Könige des Mittelalters im Harz", Kartographische Kommunale Verlagsgesellschaft, 2,75 €, sowie die dazugehörige „Rad-Wanderkarte Harz", 4,50 €.

Neu gestärkt durchwandelten wir im kühlen Hauche des he
mit den Ruinen mehrerer alter Burgen, rechts die fürchterlic
romantische Dörfchen Thale mit dem Schlosse und dem Gebirgsstrom daneben

Die Teufelsmauer, ein Felskamm zwischen Thale und Weddersleben, wurde bereits 1852 unter Naturschutz gestellt

eren Morgens die lieblichsten Täler; links der finstere Harz
chöne Teufelsmauer. Nach neun Uhr des Morgens erreichten wir das
JOSEPH FREIHERR VON EICHENDORFF, „TAGEBUCH DER HARZREISE“, 1805

FLUSS WANDERN

Die Bode, viel beschrieben von Harzreisenden vergangener Jahrhunderte, bildet zwischen Königshütte und Thale eines der abwechslungsreichsten Täler des Mittelgebirges

Text: Anne Kathrin Reiter, Fotos: Wilfried Bauer

Im Harzgebirg entspringet ♦ Am Blocksberg aus dem Quell
Bevor von ihren Bergen ♦ Sie fröhlich niederklimmt ♦ Und von de
und winden ♦ Durch ein wild grausig Tal ♦ Verschlungene Wege finden ♦ I

Rauscht durch den Wald und singet ♦ Die Bode klar und hell. ♦
Nixen und Zwergen ♦ Den letzten Abschied nimmt ♦ Muss sie sich krümmen
Bogen ohne Zahl.   JULIUS WOLFF, „DIE BODE“

Die Kalte Bode fließt bei Elend durch Wälder, die noch Wald sind und nicht Forst, und verschwistert sich dann mit der Warmen Bode

Allerorten, wo man sich aufhält, hat man eine Art Pflicht
Wüstenkönig und im Harze die Hexen. Die Hexen sind hier nämlich Lande
umher. Auf Schritt und Tritt begegnet man ihnen. Die Landschaft ist hie
verschweigen: Als ich das Bodetal passierte, war mir's, als ob hinter jeder

as Charakteristische der Gegend kennenzulernen, in der Wüste den
rodukt und wachsen wie der Rote Fingerhut überall auf den Bergen
esättigt mit derlei Stoff, und was mich persönlich angeht, so darf ich nicht
rlenstamm eine Hexe hervorsähe. THEODOR FONTANE, „CÉCILE", 1887

Treseburg lebte früher vom Bergbau und Hüttenwesen. Heute bewirten und beherbergen die 200 Einwohner die Wanderer im Bodetal

Die düstere Schöne, die Bode, empfing mich nicht so gnädig
schien sie gar mürrisch und verhüllte sich in einen silbergraue
Höhe der Roßtrappe gelangte, ihr Antlitz leuchtete mir entgegen in sonnigste
bezwungenen Felsenbrust drang es hervor wie Sehnsuchtseufzer und schm

Diesen Blick hatte schon der Ritter Bodo, der in den Gebirgsbach an der Sohle der Schlucht stürzte und so dem Fluss den Namen gab

nd als ich sie im schmiededunkeln Rübeland zuerst erblickte, egenschleier. Aber mit rascher Liebe warf sie ihn ab, als ich auf die ·acht, aus allen Zügen hauchte eine kolossale Zärtlichkeit, und aus der ·nde Laute der Wehmut. HEINRICH HEINE, „DIE HARZREISE", 1824

Hier führte ein Pfad nach der **Vertiefung** im Felsen, wo man in die Baumannshöhle hineingeht. Jeder von uns bekam ein Grubenlicht; und wir stiegen hinab in die versteinerte Phantasiewelt ... HANS CHRISTIAN ANDERSEN, „REISESCHATTEN“, 1831

An sonnigen Tagen schimmert sie auf dem Grund des Bodekessels – die Krone der Königstochter Brunhild. Das gute Stück fiel auf der Flucht vor Ritter Bodo ins Wasser und der allzu aufdringliche Verehrer, dem der Sprung über die Schlucht missglückte, gleich hinterher. So bekam sie ihren Namen, die Bode, wasserreichster Fluss im Harz, der erst nach 169 Kilometern in die ferne Saale mündet. Bei Königshütte mischt sie sich aus Warmer und Kalter Bode, die am Südosthang des Brockens entspringen und von Niederschlagsmassen gespeist werden, die in Mitteleuropa ihresgleichen suchen. Entlang des Flusslaufs gibt es viel Spannendes zu entdecken: Hochmoore im Quellgebiet, die Tropfsteinhöhlen in Rübeland und die Rappbodetalsperre.

In der Baumannshöhle in Rübeland wachsen Stalaktiten und Stalagmiten

Auslaufstrecke der Harz-Wanderer aber ist seit alters her das Bodetal zwischen Thale und Treseburg, eine mehr als 400 Meter tiefe Schlucht, die vom Fluss über Jahrtausende in den Granit gefräst wurde. Was aber von Geologen als Durchbruchstal beschrieben und von Fremdenverkehrs-Managern als „Grand Canyon des Harzes“ beworben wird, lässt Besucher einfach nur staunen: In engen Kurven windet sich der Fluss um Felsklippen und Berghänge. Auf der Zehn-Kilometer-Distanz folgt ein Wanderpfad dem Bodelauf.

Namen wie Fantasiegebilde markieren geografische Punkte und die Pilgerstrecke der Hexentouristen, zum Beispiel Hexentanzplatz, Roßtrappe oder Teufelsbrücke. Namen, die aus dem Gestern ins Heute ragen, aus der Zeit, als noch Trolle und Zwerge den Harz bevölkerten und die Blumen am Wegrand Namen bekamen wie Hirschzunge oder Rasensteinbrech. Botanische Raritäten allesamt; schon seit 1937 steht das Bodetal mit seinen dichten Mischwäldern unter Naturschutz. Rauchen, Zelten und Baden sind verboten – keine Chance, nach Brunhilds Krone zu tauchen. □

Anne Kathrin Reiter, *Jg. 1977, ist Journalistin in Bamberg.*
Wilfried Bauer, *Jahrgang 1944, Fotograf in Hamburg, hat das Bodetal in der Woche weit stiller erlebt als am Wochenende.*

Senken Sie Ihre Nachfragequote

Wissen, was wichtig wird.

WWW.FTD.DE

FINANCIAL TIMES
DEUTSCHLAND

Kostenloses Probe-Abo unter 01802/81 82 83 (0,06 € pro Anruf) oder www.ftd.de/probeabo

DIE HÖLLE VON DORA

IM KONZENTRATIONSLAGER MITTELBAU-DORA BAUTEN 60 000 HÄFTLINGE AN DER WUNDERWAFFE DES WERNHER VON BRAUN. JEDER DRITTE KAM UMS LEBEN

VON GÜNTHER SCHWARBERG

Unser Führer heisst Herr Holter. Ein ehemaliger Lehrer, einen sensibleren hätten wir uns nicht wünschen können. „Glück auf", sagt er. Sagen alle, die in einen Berg einfahren oder eingehen, denn niemand weiß, was dort drinnen geschehen kann. Ob den 60 000 Gefangenen, die hier eingingen, auch „Glück auf" gewünscht wurde?

Wer vergessen hat, sich warm anzuziehen – jetzt ist es zu spät. Bald merkt jeder das Frösteln. Hier sind immer achteinhalb Grad, Tag und Nacht, Winter und Sommer. In der einen Stunde, die man hier unten zubringt, 30 Meter Gestein über sich, wird das Frösteln zum Frieren.

Als die ersten 107 Gefangenen aus Buchenwald am 28. August 1943 unter dem Codenamen Dora hier hineingetrieben wurden, hatten sie keine Betten, keine Decken, keine warmen Jacken. Sie waren nicht eine Stunde in dieser Kälte, sondern viele bis an ihr Lebensende. Ihre Reste liegen hier, vermischt mit Staub, Dreck und Wasser. Der Berg ist nicht nur technisches Denkmal, sondern auch Massengrab.

Die 107 sollen diesen Berg aus einem ehemaligen Benzin- und Öllager in die erste Raketenfabrik der Welt verwandeln. Das Werkzeug dafür sind ihre Hände. Und ein Haufen Rollen, Stricke, Stangen. Dann kommen Sprengkommandos mit Bohrern und Dynamit. Bei einer Sprengung müssen sich die Menschen so gut es geht hinter Kanten und Ecken verbergen. Die donnernde Wolke von Gestein und Staub fegt in ihre Gesichter und Ohren. Sie können nichts sehen und müssen in ihre Hände pinkeln, um die Augen auszuwischen. Wasser gibt es hier unten in „Mittelbau-Dora" nicht.

Weitere Transporte kommen, Tausende Gefangene. „Bei unserer Ankunft haben wir im Tunnel geschlafen, direkt auf dem feuchten Boden, ohne Decke, in einer durch die Explosionen der Minen und durch die Lokomotiven verräucherten Luft und in dem Gestank von Jauche, der von den Trögen, die uns als Latrinen dienten, herrührte", hat ein Überlebender geschildert. „So war es unmöglich, sich zu waschen und gegen das Ungeziefer zu kämpfen, das um sich griff und unsere Leiden erhöhte."

Man hat KZ-Gefangene genommen, weil die absolute Geheimhaltung des Raketenprojekts nur durch absolute Gefangenschaft garantiert war. Als die Raketenschmiede in Peenemünde in der Nacht zum 18. August 1943 von alliierten Bombern zerstört worden war, beschlossen die Nazis, die Produktion unter technischer Leitung von Wernher von Braun unter die Erde zu verlegen in das mehr als zwei Kilometer lange Stollensystem im Kohnsberg bei Nordhausen.

Besichtigen lässt sich davon heute nur ein Zehntel. Der verschlossene Berg, 1948 von den Russen zugesprengt, wurde auf Initiative der Stadt Nordhausen in den 90er Jahren durch einen Seitenstollen erschlossen. Über die Trümmer im Innern wurde eine Metallbrücke mit Holzbohlen gebaut. Sie ist 230 Meter lang. Aber es scheint, als ginge man kilometerweit über Maschinenreste, Raketenteile, zerbrochene Werkzeuge, verrostete Träger, vorbei an Querstollen mit zusammengefallenen Bettgestellen, vorbei an Resten menschlicher Arbeit und menschlichen Lebens.

In drei Querstollen, jeder 120 Meter lang und 20 Meter breit, lebten je 3000 Männer. Unendliche Reihen dreistöckiger Bettstellen, die ununterbrochen belegt waren, mal von der einen, mal von der anderen Schicht; ständig durchsickernde Feuchtigkeit und das Kondenswasser ihres Atems; staubtrübes Licht, das nie gelöscht wurde.

Die ersten, die hier ankamen, hatten es am schwersten. Sie lebten durchschnittlich noch drei Wochen. Wenn sie nicht hier starben, wurden sie zum Sterben in das KZ Bergen-Belsen gebracht. Vielen hatte man Arme und Beine ganz oder teilweise amputiert.

Kleidung und Schuhe wurden ihnen abgenommen. Dafür erhielten sie alte Hosen, manche waren nackt. Von 1000 Gefangenen eines Transports überlebten 57. Immer hatten sie Hunger. Der Überlebende Charles Sadron berichtete: „Wir sind alle aufgebläht, und die Ruhr wütet in unseren Eingeweiden. Ein starker Dunst, der durch den kristallinen Staub verursacht wird, frisst in unserer Kehle. Aber es gibt nichts zu trinken."

In einem der Seitenstollen hängen Reste von Klobecken. Die sind erst nach einem halben Jahr montiert worden. Zweimal am Tag durften die Gefangenen aufs Klo. Alle mussten mit vollgeschissenen Hosen arbeiten.

Eine Frau neben mir sagt leise: Ich muss hier raus. Ich kann das nicht mehr aushalten. Aber hier kann niemand raus, wenn nicht die ganze Gruppe mitgeht. Tief unter uns die Berge aus Metall- und Menschenresten, Häftlingshosen, unendlich viel Schmutz. Eine Menge merkwürdiger Gebilde, wie die Gerippe von Helmen. Es sind die Umhüllungen von Kompassen. Noch 1995 haben Taucher hier das komplette Triebwerk einer V2 geborgen.

Hier geht es nicht weiter. Der Steg endet. Im Stollen vor uns türmt sich die Schuttmasse fast bis zur Decke. Ein paar Lampen in der dunklen Ferne des Schachts vermitteln das Gefühl, dieser Gang gehe unendlich weiter. In der Finsternis dort hinten haben zwei Kräne gestanden, mit denen die Raketen zum Abschlusstest aufgerichtet wurden. Sie dienten auch dazu, Gefangene aufzuhängen, denen Sabotage vorgeworfen wurde.

Der Henker Josef Kilian berichtete später: „Es sind je dreißig Häftlinge in zwei Partien erhängt worden. Mit Ketten habe ich die beiden Enden eines T-Trägers an den Zügen der Laufkräne befestigt. Anschließend habe ich dreißig Stricke in gleichmäßigen Abständen um den Eisenträger geschlungen. Die Häftlinge mussten in zwei Reihen Rücken an Rücken Aufstellung nehmen. Dann habe ich den Eisenträger in Schulterhöhe heruntergelassen und die Schlingen umgelegt. Mit Knopfdruck ging der elektrisch gesteuerte Laufkran in die Höhe. So wurden im Stollen die Häftlinge stranguliert. Auf Befehl der SS mussten die Häftlinge an den Erhängten vorbeimarschieren. Ich weiss mit Bestimmtheit, dass SS-Leute auf diejenigen einschlugen, die den Kopf abwandten." Kilian wurde 1947 von einem amerikanischen Militärgericht in Dachau zu lebenslangem Zuchthaus verurteilt und 1959 wieder freigelassen.

Wernher von Braun erklärte vor einem Gericht in Fort Bliss, USA: „Ich habe bei meinem Besuch im Mittelbau niemals einen toten Mann, niemals eine Misshandlung oder eine Tötung gesehen." Anders der Gefangene Adam Cabala: „Professor Wernher von Braun ging daran vorbei, so nahe, dass er die Leichen fast berührte."

Aber sein Ziel erreicht von Braun, und der Führer ernennt ihn zum Professor: Hier werden 3200 flugfähige V2-Raketen produziert und auf Antwerpen und London abgeschossen und auf kleinere Städte in England, und Frankreich, Holland und Belgien. Die KZ-Gefangenen haben Hitlers Wunderwaffe geschaffen.

Dann scheint alles vorbei. Am 11. April 1945 öffnen die Amerikaner den Stollen zum Kohnstein. Eine Armeezeitung titelt „Ein Höllenloch". Der SS-Sturmbannführer von Braun wird nicht wegen Kriegsverbrechen vor ein Militärgericht gestellt, sondern „in einen großen Speisesaal geführt, wo man uns ein ausgezeichnetes Essen vorsetzte mit frischen Eiern, viel Butter und einem herrlichen weißen Brot. Es fiel nicht ein einziges rauhes Wort von Seiten der Amerikaner. Alle waren sehr freundlich zu uns." Am 18. September 1945 wird er mit seinem Team nach Texas gebracht, um dort die Waffen des Kalten Krieges zu bauen. Er wird Chefplaner der NASA: „Wenn ich wie im Zeitraffer alle die Erkenntnisse, Bilder und Eindrücke der Jahre 1930 bis 1945 noch einmal vor meinem Geist abrollen lasse, dann erfüllt mich ein unbändiges Gefühl des Glücks und der Dankbarkeit."

Wir kommen aus dem Stollen wieder an die Sonne. Die Kälte zieht langsam aus den Knochen. Sicher, das alles kann man auch nachlesen. Aber wer eine Stunde in diesem Berg namens Dora war, wer unter sich das Wasser gehört hat, wem die Kälte in den Körper gezogen ist, wer die nasse Luft eingeatmet und das Gestein angefasst hat, der begreift es anders. Nach uns wird die nächste Gruppe in den Berg geführt. „Glück auf!", sagt der Führer. □

Eine Skulptur von Jürgen von Woyski nahe des Krematoriums im KZ Dora erinnert an Zwangsarbeit und Völkermord

Günther Schwarberg, *geboren 1926, Journalist in Hamburg, schrieb so viel beachtete Bücher wie „Der Juwelier von Majdanek" und „Der SS-Arzt und die Kinder vom Bullenhuser Damm".*

Der erste Kaiserring-Träger, **Henry Moore**, benannte seinen „Fallen Warrior“ in „Goslarer Krieger“ um. Die Bronzeskulptur von 1973/74 steht hinter der Kaiserpfalz

Die  Ringträger der Moderne

Die Stiftung des Kaiserrings, einer der renommiertesten Preise für Kunst der Gegenwart, geht zurück auf Goslarer Bürger. Sie holten Moore, Christo und Serra in die Stadt

Text: Barbara Baumgartner
Fotos: Marc-Oliver Schulz

„Package on a hunt“ nannte **Christo**, Ringträger 1987, den von ihm verpackten letzten Förderwagen aus dem Bergwerk Rammelsberg, das damals stillgelegt und zum Museum umgewandelt wurde

Den Kaiserring bekam **Joseph Beuys** 1979. Damals wäre es wohl in kaum einer anderen Stadt möglich gewesen, den umstrittenen Künstler auszuzeichnen. Seine „Hirschkuh“ hängt im Mönchehaus

Der Italiener **Mario Merz** zeichnete das Bild „Goslar '89"
als Reverenz an Stadt und Kaiserring, den er 1989 bekam

Der Kunstpreis von Welt

Im Jahr 1974 erhielt der weltberühmte englische Bildhauer Henry Moore Besuch aus der deutschen Provinz. Die Herren kamen aus Goslar (Goslar? Wo liegt Goslar?), und der Grund ihrer Reise war – nun, „ungewöhnlich", würde man mit britischem Understatement wohl sagen. Sie trugen dem Künstler im Namen ihrer Stadt eine Auszeichnung an. Geld sei nicht damit verbunden, nur ein Ring. Moore sollte sein erster Träger sein. Noch war der Preis also genau genommen reine Theorie.

Man verstand sich gut. Vor einer Zusage aber wollte der Künstler diesen Ort (Goslar, richtig?) doch gern kennen lernen. Er kam, sah, sagte ja. Und der Rest ist Geschichte, wie es in solchen Fällen in England heißt. Die Geschichte des Goslarer Kaiserrings, der heute zu den begehrtesten Kunstpreisen der Welt zählt.

Es begann mit einem kunstsinnigen Industriellen, der sich beim Anblick der zugegebenermaßen grandiosen Kaiserpfalz, der Klöster, Kirchen, Stifte und der 1800 Fachwerkhäuser fragte: Wo ist in dieser Stadt unser Jahrhundert? Die Antwort war: „Nirgends. Kultur hörte in Goslar im 19. Jahrhundert auf. Diese Lücke schließen – mehr wollten wir anfangs nicht. So entstand die Idee mit dem Preis. Undotiert, von der Stadt verliehen. Und es sollte nicht einfach Kunst, sondern besondere Kunst sein. Aus heutiger Sicht waren wir natürlich auch ein wenig naiv." Mit 80 Jahren und silbrigem Haar über einem entwaffnenden Lächeln strahlt Peter Schenning noch immer die Begeisterung aus, die sich damals auf ein paar Freunde übertrug. Schenning war durch Krieg und Liebe zum Goslarer und mit Bauteilen wohlhabend geworden, und schon bald nach der Stiftung des Kaiserrings sollte er seine Firma verkaufen und sich ganz der Kunstförderung widmen.

Vor den Fenstern seines Arbeitszimmers liegt der Skulpturengarten, der zu Goslars Museum für moderne Kunst gehört – auch das hat Schenning angestoßen. Einen Antreiber nennen sie ihn in der Stadt oder einen begnadeten Verkäufer. Inge Langner, über Jahrzehnte seine wichtigste Mitarbeiterin in Sachen Kunst, erklärt: „Es ist schwer, Herrn Schenning etwas abzuschlagen"; er selber sagt: „Ich hatte schon immer Spaß daran, mir Sachen auszudenken, auf die andere nicht kamen", und: „Das Herz muss dabei sein."

Als er seinen Plan den Stadtvätern vortrug, sagten die: ja, aber – keine öffentlichen Gelder. Solange der Preis sich nicht als Erfolg entpuppte, wollte man sich zu nichts verpflichten. Später beteiligte die Stadt sich an den Kosten, überließ sogar das Jagdmuseum der neuen Kunst – ein Ackerbürgerhaus aus dem 16. Jahrhundert, Mönchehaus genannt, dessen wunderbar atmosphärische Räume an

Preisträger **Richard Serra** (1981) hinterließ der alten Stadt die moderne Skulptur „Gedenkstätte Goslar"

Von **Rebecca Horn**, Ringträgerin 1992, stammt die Installation „Yin-Yang-Konferenz" im Mönchehaus-Museum

ausgestopfte Hirsche und ihre raren Betrachter ohnehin verschwendet gewesen waren. Im Wesentlichen aber ist Kunst in Goslar stets eine Bürgerinitiative geblieben. 4000 Mitglieder zählt der Verein zur Förderung moderner Kunst, zwei Drittel davon leben in der Stadt, die nur 44 000 Einwohner hat. Wie vieles ist auch diese beeindruckende Zahl ohne die Überzeugungskraft des Peter Schenning nicht denkbar. Auch hält man die Eintrittsschwelle niedrig – der Jahresbeitrag liegt bei 12 Euro für eine Person oder ein Paar –, getreu dem Motto, das der vierte Kaiserring-Träger Victor Vasarely dem Verein hinterließ: „Kunst ist für alle da", schrieb er ins Gästebuch des Museums.

Und wenn zudem stimmt, dass das Zeremoniell der Verleihung ein bemerkenswerter Mangel an Snobismus auszeichnet, dann bedeutet dieses Motto in Goslar wohl mehr als fromme Worte. Diesen Eindruck gewinnt auch, wer Inge Langner kennen lernt, in deren zupackenden Händen die Geschicke des Kaiserrings liegen, seit Schenning mehr oder weniger im Ruhestand ist (der neue Vereinsvorsitzende, ein Unternehmer, hat das Kunstengagement zwar unter seine Fittiche genommen, aber nicht die Zeit, sich ihm zu widmen).

Selbst die Museumsräume, alt und zeitlos lebendig, sind wie dafür gemacht, die Aura der Unzugänglichkeit und des Elitären, die moderne Kunst manchmal umgibt, zu vertreiben. Die Werke im Museum wurden ebenso aus privaten Geldbeuteln bezahlt wie jene im öffentlichen Raum; und die Arbeiten, die Goslars Postkartenidylle durchbrechen – so von Max Bill und Dani Karavan – mochten gefallen oder nicht: Der rituelle Aufschrei der Empörung, „und das mit unseren Steuergeldern!", ist ausgeschlossen.

Natürlich gab es Reibungen, Debatten. Henry Moores Bronzeskulptur eines gefallenen Kriegers – vom Künstler in „Goslarer Krieger" umbenannt – wurde in der ersten Nacht mit Phosphor übergossen. „Das muss man verstehen, es war ja alles neu", sagt Schenning, der die Skulptur der Stadt schenkte. Doch Moore gewann viele Herzen, als er für seinen Krieger bescheiden einen Platz hinter der Pfalz wählte. Die Stadtvertreter waren einigermaßen nervös zur Ortsbesichtigung gekommen. Was, wenn der Künstler zwischen die Reiterstandbilder von Barbarossa und Wilhelm I. zeigte und verkündete: „Hier!"?

Am stärksten hat die Stadt sich gegen Richard Serra gesträubt. Der Kaiserring-Träger 1981 stellte am Breiten Tor eine große Platte aus CorTen-Stahl auf und nannte sie „Gedenkstätte Goslar". Der Bildhauer selbst, an Widerstand gewöhnt, hatte nicht gehofft, ausgerechnet in diesem alten Städtchen ein Werk zu hinterlassen. Schenning wünschte es sich aber sehr; und so wanderte Serra Tage

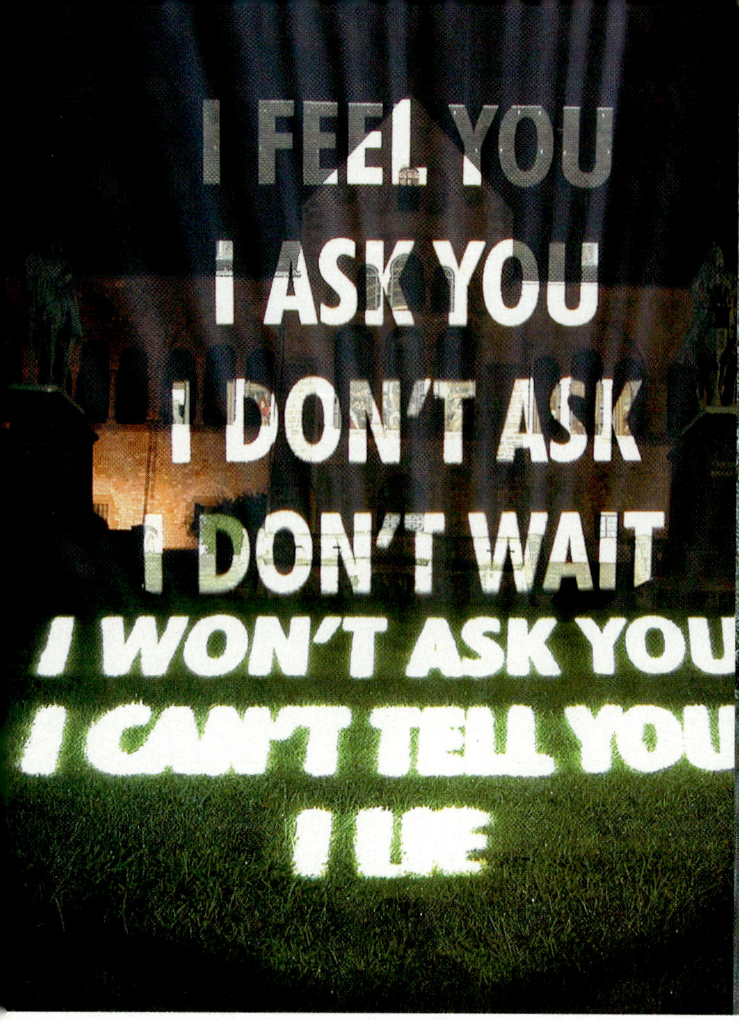

Die Amerikanerin **Jenny Holzer**, Kaiserring-Trägerin 2002, beschrieb die Kaiserpfalz mit Lichtinstallationen neu

Der israelische Künstler **Dani Karavan**, Preisträger 1996, schuf in Goslar die zweiteilige Installation „Brücke“

durch die Stadt, bis er den Platz für seine Skulptur gefunden hatte. Doch viele Goslarer hat die Platte ratlos gelassen. Zuerst schlugen die Unmutswellen hoch, dann beruhigte sich die Oberfläche. Immer wieder aber bringt jemand das Gespräch darauf, so wie die Zunge nicht aufhören kann, eine wunde Stelle im Mund abzutasten.

Die couragierten Kunst-Entscheidungen begannen 1979: Joseph Beuys erhielt den Kaiserring. Es war ein unmissverständliches Zeichen, dass diese Jury nicht im Sinn hatte, sich auf etablierte Positionen zurückzuziehen, und später bewies man das immer wieder aufs Neue. Das Wahlverfahren des Kaiserrings gibt den Stadtvertretern zwar Stimmrecht, Preisträger vorschlagen dürfen aber nur die Fachjuroren, ein Gremium angesehener Experten.

Die Anfänge waren klassisch: Henry Moore, Max Ernst, Alexander Calder, Victor Vasarely. Und dann also Beuys. „Ja, da haben alle tief Luft geholt“, sagt Inge Langner, während Peter Schenning schmunzelt. Man kann sich das Beben ausmalen, das Krachen im Fachwerkgebälk. Es war nicht lange her, dass ein Düsseldorfer Bürgermeister Francis Bacon noch als unzumutbar empfunden hatte; und Beuys' „Fettecke“ war Anlass wilder Diskussionen. „Das ist schon erstaunlich für eine so konservative Stadt“, sagt Karl Ruhrberg, Kaiserring-Juror seit vielen Jahren, „dass die Vertreter Goslars da stets mitgezogen haben.“ Ruhrberg war damals Direktor des Museum Ludwig, und er ist überzeugt, weder in Köln noch Berlin oder Hamburg wäre es 1979 möglich gewesen, Joseph Beuys auszuzeichnen.

Den Goslarer Oberbürgermeister beunruhigte abseits aller Kunstpolemik Beuys' Eigenart, den Hut nicht abzunehmen. Die feierliche Ringübergabe in der Pfalz hat er aber schließlich doch übernommen. Und der Adler auf dem Marktbrunnen trug am anderen Tag einen Hut.

Mittlerweile stößt die Stadt sich seltener an der Kunst, und Inge Langner weiß nicht, ob das ein gutes oder schlechtes Zeichen ist. Peter Schenning sieht es abgeklärt: „Viele Goslarer denken, wir werden dafür bewundert, was macht's, wenn da was auf dem Kopf steht.“ Manchmal hat er ja selber so argumentiert, widerwilligen Ratsherren gegenüber: Denkt doch an das Bild von der Stadt, wenn euch die Bilder der Künstler schon nicht interessieren!

Einmal wurde ihm sein Verkaufsgeschick zum Verhängnis: Jean Tinguely lehnte den Ring 1980 ab, weil er sich für Werbezwecke missbraucht fühlte. Ein kapitales Missverständnis, wie sich später alle Beteiligten einig waren. Doch kurze Zeit war zu befürchten, das „kulturpolitische Provinzwunder“, wie der Spiegel es nannte, sei am Ende. „Die Affäre hatte aber auch ihr Gutes“, sagt Langner: die Goslarer begannen tatsächlich, „ihren“ Kaiserring zu verteidigen.

Der Kaiserring verjüngt Goslar

Stolz, ja, das könne man so sagen, meint der Oberbürgermeister: Die Stadt sei stolz auf den Kaiserring. Am Zimmer von Otmar Hesse kann man erkennen, dass dies nicht das Rathaus eines beliebigen Harzstädtchens ist – Werke von Mario Merz und Eduardo Chillida (beides Ringträger) hängen an den Wänden. Und es ist der Bürgermeister, der daran erinnert, was der Kaiserring außer Begegnungen mit der Kunst noch bedeutet: Begegnungen mit faszinierenden Künstlern. „Mit Menschen, die im Kulturleben der Welt eine Rolle spielen!" 2003 hat den Ring der Südafrikaner William Kentridge erhalten; er brachte seine Eltern mit nach Goslar, zwei Anti-Apartheid-Aktivisten, und der Bürgermeister wirkt sehr glücklich, sie kennen gelernt zu haben.

„Die Stadt bekommt so viel durch die Kunst, sie sollte auch etwas geben." Dieses Fazit zog der Kunstverein vor einigen Jahren, und stiftete ohne Zuschüsse der Stadt das mit 5000 Euro dotierte Kaiserring-Stipendium für junge Künstler. „Goslar? Wo liegt Goslar?", die Frage stellt niemand mehr. Weit über 200 Ausstellungen hat es im Mönchehaus schon gegeben. Und das Wort „Provinz" sagt Inge Langner, sei in Bezug auf Goslar völlig unangemessen. □

Barbara Baumgartner, *geboren 1970, lebt als Journalistin in Barcelona. Am Kaiserring faszinierte sie die Courage seiner Initiatoren, eine Utopie Wirklichkeit werden zu lassen.*

MERIAN | INFO Stadtrundgang

Den letzten Hunt verpackte Christo. Fest verschnürt steht der Förderwagen in der alten Kraftzentrale des Erzbergwerks Rammelsberg, umgeben von großen Kompressoren. Jetzt ist der Raum still, wie das ganze Bergwerk ein Museum. Der Berg ist leer. Über 1000 Jahre hat die Stadt aus seinem Reichtum geschöpft und ist so zu diesem Goslar voller Kunstdenkmäler geworden. Der Bildhauer Christoph Wilmsen-Wiegmann, Kaiserring-Stipendiat 1994, erzählt die Geschichte, die Stadt und Berg verbindet, anhand von zehn Erzbrocken – natürlich beginnt sie am Bergwerk. Dort steht der erste Stein im Stahlrahmen; wo er poliert ist, schimmert der Schatz in seinem Innern, und wie bei allen anderen symbolisiert ein geschliffener Handabdruck den menschlichen Eingriff. Der Spur dieser zehn Steine folgend, kann man sich Goslar erschließen. Sie führt zur Kaiserpfalz und zur Klauskapelle im spätmittelalterlichen Bergmannsviertel; zur Marktkirche, in die reiche Bergherren zum Gottesdienst gingen; zur Kirche des Klosters Neuwerk, dem wichtige Gruben gehörten. Das Besondere an Goslar ist, dass solch ein Rundgang zugleich eine Entdeckungsreise zu zeitgenössischer Kunst sein kann: Am Marktplatz steht der „Goslarer Nagelkopf" von Rainer Kriester. Im Garten der Neuwerkkirche hat Max Bill den Goslarern ein wunderbar-klares Granit-Tor geöffnet, und nahebei, am Rosentor, wartet vor dem Standesamt ein molliges Paar („Frau mit Schirm, Mann mit Hut") von Fernando Botero. Am Breiten Tor ein kantiger Kontrapunkt: die „Gedenkstätte Goslar" von Richard Serra; die große Stahlplatte trägt Spuren wilder Kritzeleien. Vom Breiten Tor vorbei an der „Abzucht", einem idyllischen Fluss mit Fachwerkfassaden an den Rändern, zum St. Annen-Stift, aus dessen Garten das rot-blau-grüne „Hexagon-S" von Victor Vasarely leuchtet. In den nahen Judenteich stellte Dani Karavan eine „Brücke"; sie hat zwei unverbundene Teile, und keiner gelangt ans Ufer, ein Bild von Trennung und Unterbrechung. Hinter der Kaiserpfalz, in der im Frühmittelalter die Monarchen residierten, wählte Henry Moore den Platz für seinen „Goslarer Krieger" – der gefallene Mensch im Rücken des Symbols der Macht; diese Interpretation berührte viele.

Peter Schenning (links) und Inge Langner mit Dani Karavan

Stadtführungen: Goslar Marketing, Tel. (053 21) 78 06 20/21
Mönchehaus-Museum, Mönchestr. 1, Tel. (053 21) 295 70, Di-Sa 10-17, So 10-13 Uhr, Erw. 3 Euro, Jugendl. 1,50 Euro

1) Mönchehaus-Museum 2) Amadeo Gabino, „Mars und Saturn" 3) Max Bill, „Tor in Goslar" 4) Fernando Botero, „Mann mit Stock, Frau mit Schirm" 5) Richard Serra, „Gedenkstätte Goslar" 6) Victor Vasarely, „Hexagon-S" 7) Dani Karavan, „Brücke" 8) Rainer Kriester, „Goslarer Nagelkopf" 9) Johannes Schreiter, Chorfenster der Marktkirche 10) Henry Moore, „Goslarer Krieger"

>> weitere Tipps im Infoteil ab Seite 114

DER BROCKEN, SO DEUTSCH

Der Brocken und mit ihm der Harz ist ein Spiegelbild deutscher Geschichte, Sehnsuchtsziel von Dichtern, Denkern und vieler anderer Wandersleut

Text: Emanuel Eckardt

Schnaufen, stampfen, die Rhythmusgruppe der Räder spielt den vertrauten Blues. Von der Dampflok weht eine braunschwarze Fahne. Koks, der lange Atem der Fünfziger. Es geht aufwärts. Bäume stehen stramm im Stangenwald. Kein Reh, kein Hirsch, kein Schwein zu sehen. Ein freundlicher Kontrolleur schwankt durch den Waggon. „Sie bleiben über Nacht?" – Erraten. Für heute ist es die letzte Fahrt zum Brocken hinauf. Vom Brockenbahnhof sind es nur ein paar Schritte zur Brockenherberge, zum Brockenschlaf über den Wolken.

„Der Brocken ist ein Deutscher", fand Heinrich Heine. Und was für einer! Kahlköpfig, steinalt und alles andere als attraktiv, ein Riese mit großen Ohren, ein windiger Typ, meist ziemlich benebelt, ein rauer, grimmiger Kerl. Bis vor wenigen Jahren trug er eine hässliche Krone aus Betonteilen, einen Mauerkranz, von dem er sich allerdings nach der Wende trennte. Was blieb, ist der Kopfputz aus High Tech, Sendungsbewusstsein und Gemütlichkeit: ein Fernsehturm, ein Nationalpark-Informationszentrum und eine Herberge für Wanderer.

Ein großer Deutscher fürwahr, gemessen an seiner Umgebung. Mit einiger Mogelei und dank amtlich bewilligter Anhäufung gewichtiger Felsbrocken auf dem Gipfel misst der höchste Berg im Harz 1142 Meter über Normal Null. Klimatisch ist er ein Extremist, mit Temperaturen, wie sie für Grönland oder Sibirien typisch sind, 2,9 Grad Celsius im Jahresmittel. Der Naturbursche liebt kurze, knackig kühle Sommer, und eisige Winter mit Temperaturen bis zu 28,4 Grad minus. An 306 Tagen hüllt er sich in Nebel. Der deutsche Brocken ist feucht, aber nicht fröhlich, duscht gern kalt mit Schauern bis zu 1800 Millimeter Niederschlag im Jahr, dreimal so viel wie im nahen Göttingen heruntergehen. Kaum irgendwo in Europa ist so viel Wind. Im Winter fegen Orkane mit Geschwindigkeiten bis 263 Kilometer pro Stunde über die Glatze aus Granit, beißen Eiskristalle wie ein Sandstrahlgebläse auf der Haut.

Wollgras, so weiß, so flauschig, so typisch für Moore am Brocken

Weil der Brocken ein Deutscher ist, musste er auch ein deutsches Schicksal tragen, wurde er in den letzten Tagen des Zweiten Weltkriegs zum Schlachtfeld, bombardiert, Heldenfriedhof für 60 Mann, von amerikanischen, dann von russischen Truppen besetzt. Die deutsche Teilung zog ihn aus dem Verkehr. Nach dem 13. August 1961 wurde er Grenzgebiet und militärisches Sperrgebiet. DDR-Truppen und Sowjetarmee nisteten sich auf dem Gipfel ein. Die Staatssicherheit bekam einen Betonklotz mit Kuppeldach als Horchposten zum Abhören der Telefonate zwischen der BRD und West-Berlin. Das Objekt nannten sie – quasi in Teufels Namen – „Urian". So heißt der Höllenfürst, der auf dem Brocken alias Blocksberg satanische Orgien feiert, zur Walpurgisnacht, wenn die Hexen auf Böcken und Besen durch die Lüfte fegen.

1540 wird der Brocken zum ersten Mal in einem Hexenprozess als Schauplatz nächtlicher Orgien genannt. Von der Teufelskanzel aus predigte Satan den Seinen. Hexenaltar, Hexenbrunnen und Hexenwaschbecken erzählen vom bösen Zauber im Harz. Ein Grauen ist um diese Geschichten, die unter Folterqualen der Inquisition ans Licht kamen, irrwitzige

An guten Tagen ist die Sicht gigantisch, geht bis Berlin. Gute Tage sind aber selten; eher fegen Windspitzen von 263 Stundenkilometern um den Brockengipfel

Details sexueller Ausschweifungen, in Todesangst erzählt, Geständnisse, die keine einzige der Angeklagten vor dem Feuertod bewahrten.

Bei Goethe wird der Horror zum Gedicht, zur Walpurgisnacht im „Faust“: „Die Hexen zu dem Brocken ziehn, / Die Stoppel ist gelb, die Saat ist grün, / Dort sammelt sich der große Hauf, / Herr Urian sitzt obenauf. / So geht es über Stein und Stock, / Es farzt die Hexe, es stinkt der Bock.“

Im Dezember 1777 hatte der junge Goethe den Brocken bestiegen, eine für seine Zeit mutige Tat. Die Bergwelt Europas befand sich noch im Stadium natürlicher Unschuld. Gipfel zu stürmen, noch dazu vor Sonnenaufgang mitten im Winter, war gefährlich und ohne Sinn. Doch Goethe suchte das Abenteuer der Grenzerfahrung, wollte Charlotten davon in Briefen erzählen. Und so machte er sich auf den Weg, in einer Vollmondnacht, in Begleitung eines Forstmannes, der vergeblich versucht hatte, dem jungen Mann die Kletterei auszureden. Der Gipfel hat den Dichter überwältigt. „Ich hab's nicht geglaubt bis auf der obersten Klippe“, schreibt er der Freundin. „Alle Nebel lagen unten, und oben war herrliche Klarheit.“ Und so hob der Dichter den Brocken gleichsam zur Geistesgröße unter Deutschlands Bergen. Noch zweimal ist er hinaufgestiegen; das bescherte dem Harz einen Goetheweg, ein Goethemoor, und dem Brocken eine Goetheplakette.

Der Berg rief, die Tapfersten zuerst. Lange vor Goethe hatte Russlands Zar den Brocken bestiegen. Noch nannte ihn niemand Peter den Großen; er war 25 Jahre alt und reiste inkognito. Aber es sprach sich herum, welcher Prominente sich da im Harzvorland herumtrieb. Graf Ernst zu Stolberg-Wernigerode, Besitzer des Berges, stieg mit dem Gast hinauf, ehe der nach Holland zog, um dort als Zar und Zimmermann zu verweilen.

Von Süden nahte Prinz Ludwig, 17 Jahre alt, der spätere König Ludwig I. von Bayern, und bezwang den norddeutschen Gipfel ohne Mühen. Das war 1804, 20 Jahre nach Goethes letztem Besuch. Der Bayer wunderte sich über das Brockenhaus. Man schlief auf Moospolstern, die in Leintücher genäht waren. Napoleon zog am Brocken vorbei, aber sein kleiner Bruder, Jérôme Bonaparte, für einen Lidschlag der Geschichte König von Westfalen, wollte da rauf. Am 4. August 1811 brach er zu einer Harzreise auf. Der Brocken empfing ihn mit Nebel, Regen. Zweimal stieg Otto von Bismarck hinauf, 1832, als Jüngling, und 1846, als Deichhauptmann für den Unteren Magdeburger Deichbezirk. Wie er so im Walde fürbass schritt, ruhte sein Blick auf Johanna von Puttkammer aus Hinterpommern, die er im Jahr darauf heiratete. Unter den Staatsgästen war König Fuad von Ägypten vielleicht der exotischste. Er fuhr 1929 im Auto nach oben.

Doch wichtiger für den Ruhm des Riesen im Wald waren die aufsteigenden Poeten: Nach Goethe kamen Hans Christian Andersen, Joseph von Eichendorff und Adelbert von Chamisso, Heinrich Heine, auch Theodor Fontane und Hermann Löns, der während eines einzigen Urlaubs 16 Mal den Gipfel besuchte. Mit seiner „Harzreise“ setzte Heine dem Brocken ein Denkmal. Die alten schönen Bilder: „Die Bäume flüstern wie mit tausend Mädchenzungen. Die sinnigen Kräutlein erzählen sich grüne Märchen, es ist alles wie verzaubert.“ Und in den Versen geht die Sonne auf: „Heller wird es schon im Osten / durch der Sonne kleines Glimmen, / weit und breit die Bergesgipfel / in dem Nebelmeere schwimmen.“

Weit schweift der Blick in die Ebene, bis über Berlin hinaus. Bis dahin sind es 205 Kilometer Luftlinie, abzulesen auf der „Brockenuhr“; einem richtungweisenden Monument, das auf 48 kreisförmig in den Gipfel eingelassenen Tafeln die Entfernungen zu ausgewählten Zielen zeigt; bis Rom sind es 1119, bis Hamburg 199, bis Torfhaus sechs Kilometer.

Rüstige Wanderer sammeln sich zum Gruppenfoto. Im Hintergrund, bescheiden, aber historisch wertvoll, duckt sich das Wolkenhäuschen, ein einfacher Steinbau, die Ritzen mit Moos verstopft. 1736 wurde es errichtet, eine Art offene Garage mit Holzbänken, in der Menschen vor dem Gipfelsturm Schutz fanden. Ganz harte Kerle übernachten da noch immer im Winter. Der Urian-Horchposten der Stasi bekam einen gläsernen Vorbau und trägt den unverfänglichen Namen Brockenhaus.

Heute gehört der Berg dem Land Sachsen-Anhalt. Als herausragender Höhepunkt im Nationalpark ist er nach allen Seiten offen, dürfen Deutschlands Dichter und Denker und all die anderen – rund anderthalb Millionen Besucher sind es pro Jahr – den Gipfel auf Schienen oder ausgeschilderten Wanderwegen stürmen. Einer tut es immer wieder, Benno Schmidt, Wanderführer aus Wernigerode, genannt Brocken-Benno. Nach 2180 Aufstiegen kam er ins im Guinness-Buch der Rekorde. Inzwischen ist er bei weit mehr als 3500. Stolz berichtet er von einem Gipfeltreffen

Je natürlicher der Wald, desto erfolgreicher die Brutpflege der Eulen

DER BROCKEN, SO MASSIV

Im Nationalpark Hochharz dürfen nur die Ranger, Parkwächter, die Wege verlassen. Totholz bleibt liegen, der Wald mit seiner Flora und Fauna sich selbst überlassen

Foto: Kalli Kreuels

mit Reinhold Messner, der ihm versicherte: „Sie sind auf dem richtigen Weg".

Der richtige Weg ist markiert. Niemand darf ihn verlassen. Waldesruh vom Amt. Der Harz soll Urwald werden. Denn, was heute wie ein Wald aussieht, ist eigentlich eine ausgereifte Nutzholzplantage. Nur in höheren Lagen, knapp unter der Waldgrenze, wächst die Fichte à la nature, ein Geisterwald für Zwerge, Bäumchen im Krüppelwuchs zwischen Totholz, vom Wind schief; man sieht ihnen nicht an, dass sie bis zu 300 Jahre alt sind.

In tieferen Lagen soll der Stangenwald der Fichten in den Naturzustand zurückgeführt werden. Schrittweise wird der Renditeforst gelichtet, Buchen und Bergahorn angepflanzt und eingezäunt, damit das Rotwild nicht die jungen Triebe frisst. Mit der Eberesche kommen Heidel-, Brom- und Himbeere. Rehe und Hirsche werden durch „Zähljagden" reduziert; vier bis sechs Tiere pro Hektar dürfen sein. Luchse werden ausgewildert, Pilzsammler verscheucht, Mountainbiker von Rangern zur Straße gewiesen.

Ein Paradies im Werden. Das scheue Auerwild lebt ungestört. Eine Kernzone von 2900 Hektar erfährt keinen menschlichen Eingriff. Nur im Außenbereich fehlt das Wegegebot. Zurück zur Natur als konsequentes Verwaltungshandeln, Romantik in Grenzen, Natur nach Vorschrift. Der Brocken ist ein Deutscher. □

Emanuel Eckardt, *geboren 1942, freier Autor aus Hamburg, schrieb auch über das Schloss von Wernigerode (S. 92). Brockenwanderungen siehe Faltkarte.*

LEXIKALISCHE BROCKEN

Was Gipfelstürmer schon immer über den Blocksberg wissen wollten, aber bisher nicht zu fragen wagten

BROCKEN
Höchster Berg im Harz, 1142 Meter hoch. Der Preußische Generalstab kam beim Vermessen 1849 auf exakt 1140,091 Meter.

BROCKENANEMONE
Pulsatilla alba, blüht im Juni, assistiert von Brockenhabichtskraut und Brockenweide.

BROCKENBÄR
Der letzte Bär an den Hängen des Blocksbergs wurde bereits 1705 erschossen.

BROCKENBAHN
Schmalspurbahn, die rund 700 000 Fahrgäste im Jahr befördert. 1899 fuhr die erste Brockenbahn: Strecke 16 Kilometer; Höhenunterschied 588 Meter (siehe S. 48).

BROCKENBAHNHOF
Endstation der Brockenbahn mit Gaststätte.

BROCKEN-BENNO
Benno Schmidt aus Wernigerode steht mit 2180 Aufstiegen im Guiness-Buch der Rekorde. Den Frauen-Rekord hält Sigrid Schröter aus Bad Harzburg mit 1370 Aufstiegen. Inzwischen hat BB seinen Rekord fast verdoppelt und ca. 50 000 km zurückgelegt.

Die Brockenuhr, richtungweisend bis Rom

BROCKENBESUCHER
1,2 bis 1,4 Millionen Besucher pro Jahr.

BROCKENFERNSEHEN
125 Meter hoher Sendemast. 80 Prozent von Sachsen-Anhalt werden vom Brocken aus mit ARD, ZDF und mdr-Fernsehen versorgt. 1934 errichtete die Reichspost auf dem Berg einen mobilen Fernsehsender, das TV-Gerät stand im Schierker Rathaus.

BROCKENFERNSICHT
Überschaubare Fläche 45 000 Quadratkilometer; maximale Sichtweite 230 Kilometer.

BROCKENFLÜSSE
Der Brocken ist Quellgebiet und Wasserscheide zugleich. Die Bode (s. S. 62) fließt zur Elbe, Ecker und Ilse fließen zur Weser.

BROCKENGARTEN
1890 auf dem Gipfelplateau gegründet, zeitweise kaum gepflegt. Nach der Wende wurden von 1400 kultivierten Pflanzenarten nur noch 97 nachgewiesen. Heute 1500 alpine und subarktische Pflanzen, darunter der kleinste Baum der Erde, die Krautweide.

BROCKENGRANIT
Typische Formen sind zerklüftete Gesteinsblöcke mit so genannter Wollsackverwitterung durch dauerfeuchtes Klima.

BROCKENHAUS
Nationalpark-Informationszentrum mit Shop. Tgl. 9.30-17 Uhr, Tel. (03 94 55) 500 05 Fax 500 06, www.brockenmuseum.de

BROCKENHERBERGE
Im November 1999 im alten, denkmalgeschützten Fernsehturm eröffnet, 14 Zimmer mit Weitblick; Aussichtsplattform ganz oben. Tel. (03 94 55) 120, Fax 121 00 www.brockenherberge.de

BROCKENMAUER
1985 errichtet, umschloss die Kernzone des Sperrgebiets. 2,79 Kilometer lang mit 2318 Mauerelementen, je 3,6 Meter hoch.

BROCKENMOORE
Verschiedene Moortypen in Restflächen; allein für den Bau der Brockenbahn wurden 90 000 Kubikmeter Moor trocken gelegt.

Dichter, Harzreisender und Brockenbesucher

BROCKENÖFFNUNG
Am 3. Dezember 1989 als Folge einer Sternwanderung einiger tausend Demonstranten.

BROCKENPOST
1875 im Brockenhaus eröffnet. In der Saison bekamen alle Sendungen den Tagesstempel. 1906 waren es 314 325 Postkarten. Am 20. April 1945 schloss das Postamt.

BROCKENTOILETTE
Die Einweihung einer Toilette auf dem Brocken durch einen Staatssekretär führte zu einer Anfrage im Landtag von Sachsen-Anhalt. Die Antwort ergab, dass keine Erstbenutzung durch den Beamten erfolgt war.

BROCKENUHR
Ein Kreis aus Bronzetafeln mit Entfernungsangaben zu geografischen Zielen.

BROCKENVEGETATION
Beerkrautheiden. Hangmoore. Bergfichtenwald ab 800 Meter. Waldgrenze bei 1000 Meter, darüber subalpine Mattenvegetation.

BROCKENWIRT
Hans Steinhoff, gelernter Konditor, Brockenwirt seit 1990. Bewirtschaftete erst den Brockenbahnhof (mit einem Vertrag als Hilfsheizer der Bahn). Heute Hotelier und Pächter der Brockenherberge (siehe dort).

Dorfmitte ist Weltmitte. Hier bewahrt Hohegeiß Geschichte und Geschichten: im Heimatmuseum hinter schimmernder Holzfassade

Ein Panter im Herbstlicht? Muss die Feuerwehr eingreifen? Gesprächsstoff für viele Abende in der Gaststätte „Zum Esel“

Abenteuer in 642 Meter Höhe

Der Panter von Hohegeiß

Im Harz zeigt sich, was die Daseinsweise Dorf erhält: Geschichten, so wahr, dass niemand sie glaubt und so gut erfunden, dass sie wahr sein müssen | Text: Stefan Willeke, Fotos: Sabine Wenzel

Vom feuchten Grund des Bärenbachtals kriecht die Nachricht den Hügel hinauf, zieht eine Schleife durch die Tanzbar des Panoramic-Hotels, pausiert kurz an den Stammtischen der Gaststätte „Silbertanne“, nimmt Fahrt auf, kehrt ein in Bernhard Bruns' Lebensmittelladen, rennt die Durchgangsstraße hoch, schockiert Nachbarn, rast vorbei an verblüfften Gesichtern vor dem Zeitschriftenständer von Elektro Beyer, bremst vor der Frühstückspension der Bürgermeistergattin, flüchtet vor den großen Augen des Kleinbauern Röder, und erst danach herrscht wieder Ruhe. Aber die Nachricht kehrt zurück, diesmal aus dem Wolfsbachtal, und schon ist die Ruhe vorbei. Ein Panter, ein schwarzer Panter ist im Ort. Jetzt wissen es alle in Hohegeiß, 1050 Einwohner, 642 Meter über Null. Das höchste Dorf im Harz, zwölf Kilometer von Braunlage entfernt, kurz vor der ehemaligen DDR-Grenze, ganz knapp noch Westen, umgeben von Fichten und Wiesen und Bächen. Ein Dorf mit ein paar Hotels und beschilderten Wanderwegen. Ein Dorf unter vielen Dörfern in den

Der Überblick vom Kirchturm zeigt die kompakte Gestalt des Dorfes, übersieht aber die Mühe im Detail

Der letzte Bauer setzt sich ans Klavier und spielt

Höhenlagen des Harzes, wo alle Orte – abgesehen von Clausthal-Zellerfeld – höchstens ein paar tausend Einwohner haben. Wenn erst die nächste erstaunliche Nachricht hineinsickert ins Dorf, dann ist es mit der Ruhe vorbei. Ein Panter in Hohegeiß. Ein Abenteuer, viel aufregender als alles, was die Satellitenschüssel zu bieten hat.

Der Förster des Dorfes will von einer Raubkatze erst nichts wissen, bis auch seine eigene Frau beteuert: Im fahlen Licht der Laternen sei das stattliche Tier über eine Wiese geschlichen. Fernsehsender kündigen sich an, die Reiterstaffel der Braunschweiger Polizei wird den Wald durchkämmen. Vom Schullandheim am Rand des Dorfes ruft eine verzagte Lehrerin an: „Wir können nicht ins Haus, der Panter sitzt vor der Tür." Der Förster greift nach seinem Gewehr, holt Ben, seinen Gebirgsschweißhund, aber vor dem Schullandheim sitzt nur eine schwarze Katze.

Normalerweise zeigt der Förster Touristen den Wald. In lodengrünen Lederhosen klärt er die Städter auf über sein menschenleeres Revier, über Bärwurz, Frauenschuh, Knabenkraut. Dann wieder, tagelang, hat er nur seinen Hund Ben als Gesprächspartner, und die Gespräche verlaufen gewöhnlich sehr einseitig. Jetzt aber ein Panter und das Dorf ist hellwach.

Stefan Grote, der Ortsbürgermeister, berichtet dem Landwirt Röder von einer Theorie: Neuerdings werden Luchse ausgewildert im Harz, vielleicht haben die Luchse die Wahrnehmungskraft angegriffen. „Könnte sein", sagt mit dunkler Stimme Klaus Röder, 70 Jahre alt, der letzte Bauer im Dorf. Aus der Kälte stapft Röder in die Wohnstube, als der Bürgermeister vom Panter anfängt. Der Bauer setzt sich ans Klavier, spielt eine fröhliche Melodie von Mozart, aber ein paar Töne verrutschen, denn die Finger sind noch steif vom Hacken des Kaminholzes, und Röder sagt: „Kühe und Klavier passen gut zusammen." Warum? „Ach, keine Ahnung." Was wäre die Welt ohne Rätsel? Was Hohegeiß? Von einem Hubschrauber aus hat die Polizei nach dem Panter gefahndet, sagt Röder, steckt sich eine Marlboro an und lacht und lacht.

Von allen Geschichten erfährt Bürgermeister Grote rasch. Sozialdemokrat ist Grote, aber genau genommen ist allein Hohegeiß seine Partei. Er hat viel Zeit. Sein Arbeitgeber, die Telekom, nennt ihn „Transfer-Mitarbeiter". Der 46-jährige Ingenieur sitzt zu Hause, weil er im Moment für keinen Job benötigt wird. Sein Bürgermeisteramt ist ein Ehrenamt, wie alle Ämter hier. Seit vielen Jahren schon ist Hohegeiß eingemeindet, als Stadtteil von Braunlage – das typische Schicksal eines Dorfes. Um Geld zu sparen, werden kleine Verwaltungen den größeren zugeschlagen. Aber das kümmert ein Dorf im Innersten nicht. Es braucht

Bernhard Bruns versorgt das Dorf mit Nachrichten und Nahrung, Bauer Röder seine Kühe mit Heu

Mozart. „Kühe und Klavier passen gut zusammen", sagt er

keine amtlichen Begrenzungen, um zu sich selbst zu finden. Das Dorf besteht nur aus ein paar Straßen, von denen die meisten einen Hang hinablaufen, ins Wolfsbachtal oder ins Bärenbachtal. Dazwischen entstehen die Nachrichten, die das Dorf bewegen. An sonnigen Tagen, wenn Hohegeiß in die Gärten zieht, benötigt eine Meldung 20 Minuten, um vom einen zum anderen Ende des Dorfes zu marschieren. An verregneten Tagen kann es eine ganze Stunde dauern.

Das Dorf ist ein Dorf, weil es sich nicht gefallen lässt, dass die großen Geschichten in Fernsehkanälen unaufhaltsam am Dorf vorbeirauschen. Das Dorf stellt seine großen Geschichten selbst her, erzählt sie jahrelang, dreht sie weiter, so lange, bis die Episode so unglaublich klingt, dass jeder denkt: Diese Geschichte vermag niemand zu erfinden. Die Handwerksbetriebe sterben aus, die Jungen ziehen weg, den Arbeitsplätzen hinterher, und das Dorf erhält sich dennoch am Leben. Es putscht sich auf mit selbst gebackenen Nachrichten und es beruhigt sich nach demselben Rezept. Es macht sich unabhängig von der rotierenden Welt.

Bürgermeister Grote ist auf dem Weg zum Kirmesausschuss, vertreten durch die Vereine des Dorfes. Auch Peter Münch sitzt an der Tafel, der zweite Hauptvorstand des Harzclubs, verpflichtet dem Wandern, Heimat- und Naturschutz. Bei Brauchtumsabenden tritt Münch im Fuhrmannskittel auf und jodelt. Er kann unterscheiden zwischen Naturjodeln, Freudenjodeln und Arbeitsjodeln. Seine Frau näht die historischen Trachten der Sänger und Musikanten, die Kleider von Kuhhirten, Bergleuten, Schaffnern oder Waldarbeitern. „Keinen dieser Berufe gibt es noch hier", sagt Münch, „außer dem Waldarbeiter."

Ein Waldarbeiter sitzt am Tisch, Horst Gietz, der 43-jährige Vorsitzende des Buchfinkenvereins. Zwei Buchfinkenmännchen hält er in einer Voliere, zu Hause unterm Dach. Zu Pfingsten kommen sie groß raus, beim Finkenmanöver auf dem Schützenplatz. Dann singen seine Vögel an gegen die Buchfinken anderer Vereine. Vor den Vogelkäfigen lauschen Männer mit Strichlisten und notieren, wie oft die Finken ihre Melodie wiederholen. Eine alte Tradition im Harz. Früher nahmen Bergmänner Finken mit in den Stollen. Sobald giftiges Gas austrat, fielen die sensiblen Vögel von der Stange, und die Arbeiter waren gewarnt.

Sonntags früh, wenn seine Frau noch schläft, schleicht sich Horst Gietz mit einem Vogelkäfig davon und fährt zum Training. Der Übungsplatz liegt mitten im Wald. Auf einer Lichtung hat er Buchfinken zwitschern hören, wilde, selbstbewusste Vögel. Gietz wartet darauf, dass seine eigenen Finken es mit den fremden Artgenossen aufnehmen. „Aber Vor-

Samstags gefreut, sonntags gereut: Karaoke in „Müllers Hotel“ und Gottesdienst am Morgen danach

Die Zeitung braucht man nur, um zu prüfen, wie lang eine

sicht.“ Wenn die Finken im Wald zu laut und herrisch singen, dann könne es passieren, dass seine eigenen Vögel eingeschüchert aufgeben, den Schock nicht überwinden und nie wieder einen Ton herausbringen.

Die lieb gewonnenen Traditionen der Menschen lassen sich besichtigen, seit Bürgermeister Grote, diesmal als Vorsitzender des Museumsvereins, ein über 400 Jahre altes Fachwerkhaus zum Dorfmuseum ausbauen ließ. Zwei Stockwerke mit Skibrettern, Nähmaschinen, Schusterbänken. Grote hat seinen Leuten einen Ort der Geschichte gegeben, einen Ort für ihre Geschichten. Ein Museumshaus hätte sich das Dorf nicht leisten können, sagt Grote, niemals, wenn der Karlheinz nicht gewesen wäre. Karlheinz, der Gönner. Einer von vielen, die in jungen Jahren Hohegeiß verließen, weil sie außerhalb Arbeit suchten. Zur 550-Jahr-Feier des Dorfes, vor zehn Jahren, ist der verlorene Sohn aus Kanada hergereist, hat sich auf dem Podium in der Festhalle an seine Streiche als Hohegeißer Junge erinnert und eine Spende über 175 000 Mark hinterlassen. Inzwischen jedoch meidet er Deutschland, denn er wird mit internationalem Haftbefehl gesucht, der großzügige Karlheinz, der Waffenlobbyist Karlheinz Schreiber.

Schillernde Figuren gibt es einige. Dieser Bruns, der Monopolist, schillert sehr, logisch sogar, denn er ist die Mitte, und wer in der Mitte steht, den mustern die anderen mit Argwohn. Der stämmige 53-Jährige mit dem zum Pferdeschwanz gebundenen Haar, Bernhard Bruns, „Feinkost – Lebensmittel Bruns“, der letzte Rundumversorger, Aufschnitt, Fernsehzeitschriften, Apfelsinen, Harry Potter. Bernhard Bruns, Hausnummer 32 an der Durchgangsstraße. Hier hat das Dorf seinen Hauptverteiler für Gerüchte. Bernhard Bruns bündelt die Nachrichten des Dorfes und reicht sie weiter in handlichen Portionen. Die Lokalseite der *Goslarschen Zeitung* berichtet ihm nie etwas Neues aus Hohegeiß. Die Zeitung braucht er nur, um zu prüfen, wie schnell eine Geschichte aus dem Laden in die Welt gelaufen ist.

Kinder aus dem Schullandheim kaufen bei Bruns Cola und Saft, bevor sie zum Wandern aufbrechen. Das Schullandheim allerdings gehört inzwischen einem Outdoor-Veranstalter. Mit einem Mal tauchten Erlebnispädagogen vor Bruns' Lebensmittelladen auf, junge Männer und Frauen, einheitlich bekleidet mit winddichten Anoraks. „Was sind das für welche“, haben die Leute im Laden gefragt, „ist das eine Sekte?“ Aber das Dorf hat seinen Frieden mit den Neuen gemacht, seit sie die hiesigen Vereine unterstützen. Die Fremden haben begriffen, dass sie Opfer bringen müssen, um nicht ewig Fremde zu bleiben.

Als sich einst kurz hinter Hohegeiß die DDR-Grenze öffnete, wurde auch

Sicherer Halt im Dunkel der Nacht und in den Herzen der Gläubigen: die Kirche des Dorfes

Geschichte aus Hohegeiß in die Welt braucht

Bernhard Bruns zur Nachricht. Er sah einen Bankdirektor mit einem Koffer „Begrüßungsgeld" durch die Straßen laufen und bestellte 20 Kisten Bananen. Jeden Tag fuhr fortan ein Lastwagen mit Obst, Joghurt, Zeitungen, mit allem Verkäuflichen bei Bruns vor. Der machte im Dorf einen zweiten Laden auf, kaufte sich vom Gewinn einen roten Chevrolet Van mit Bordfernseher, feierte ausgelassen, verlor seinen Führerschein, stellte einen Rentner als Chauffeur ein. Nach anderthalb Jahren Gesamtdeutschland aber waren die Boomzeiten bei Bruns vorbei, weil die Neubürger plötzlich zu Discountern fuhren, und heute ist alles wie vorher. Bernhard Bruns, Nussknacker, Farbpinsel, Gummibänder.

Aber Ruhe will nicht einkehren, nicht dauerhaft. Auf Frisierstühlen erleben alte Geschichten neue Höhepunkte, aber Oliver Trute, der Friseur an der Durchgangsstraße, schüttelt den Kopf: „Absolute Diskretion, ich sag' nichts." Einen Spinner nennen ihn manche, weil Oliver Trute als zehnjähriger Junge ein ovales, orangerotes Ufo neben dem Waldschwimmbad sah. Vor ein paar Jahren – er schaute gerade nach dem Ausräumen der Spülmaschine aus dem Küchenfenster – entdeckte er wieder ein Flugobjekt, violett und grün fluoreszierend. Seither ist er sicher: „Wir sind hier nicht allein."

Unendlich weit weg, dort, wo das Licht der Ufos niemanden mehr blendet, wo Panter sich lautlos verkriechen, wo schaurigschöne Geschichten den Morgenfrost nicht überleben, wo Straßenlärm die wichtigsten Nachrichten verschluckt, genau dort ist das Dorf zu Ende. □

Dr. Stefan Willeke, *Jahrgang 1964, ist Reporter der* ZEIT *und Träger des Egon-Erwin-Kisch-Preises.*
Sabine Wenzel, *geboren 1966, Fotografin in Berlin, fiel der intensive Kontakt zwischen den Dorfbewohnern auf.*

Schwarzer Hund im Wolfsbachtal. War er der Panter?

Das Schloss über der Stadt ist der Kindertraum von einer Burg. Es präsentiert Historismus in Vollendung – und alle 45 Grad ein völlig neues Aussehen

DAS SCHLOSS

Text: Emanuel Eckardt

Das Schloss von Wernigerode spielt in derselben Liga wie Neuschwanstein, es ist ein Gesamtkunstwerk des Historismus und eines der führenden Interieur-Museen Deutschlands

Der Schlossgeist hat einen neugierig funkelnden Blick hinter der Designerbrille, spukt durch sein Reich, treppauf, treppab, geistert durch Säle und Zimmerfluchten, hält inne vor Bildern, Betten und Balken, ein Geist, der begeistert, der Visionen entwickelt und sie kraftvoll umsetzt, so ein Geist ist Christian Juranek, vor 40 Jahren in Bad Harzburg geboren, Museumsdirektor im Schloss Wernigerode.

Er spielt den Schlossgeist nun schon seit 1997, ein leidenschaftlicher Anwalt des 19. Jahrhunderts, der ewig unterschätzten Epoche des Historismus und der hohen Kunst, Schlösser zu verzaubern. Nur zu gern erzählt er die romantische Geschichte vom Frühling in Wernigerode, von Carl Frühling, dem Architekten, Maler und Gartengestalter, dem Universalgenie aus Blankenburg, der in 23 Jahren Bau- und Umbauzeit das Schloss von Wernigerode in ein Ensemble aus romantischer Ritterburg, Fachwerkrenaissance, norddeutschem Versailles und französischer Kathedrale verwandelte.

Im 12. Jahrhundert als Burg auf dem Agnesberg errichtet, immer den Zeitläuften entsprechend runderneuert und zuletzt barockes Schloss mit Lustgarten, war der Sitz der Grafen und Herren zu Stolberg und Wernigerode, bei allem Respekt, nur ein Schloss unter vielen, bis eben der Frühling kam. Und es kam Graf Otto, der zweite Held in Juraneks Erzählung, eine herausragende Gestalt, wenn auch im Schatten eines Riesen.

Dieser Otto Graf von Stolberg-Wernigerode, geboren 1837, war kein Träumer und Phantast wie Ludwig II. von Bayern, sondern Realpolitiker, Mitglied des Johanniterordens, Mitbegründer des Deutschen Roten Kreuzes, Organisator der Verwundetenpflege auf Preußens Kriegsschauplätzen und Oberpräsident der Provinz Hannover. Seine Grafschaft machte er zu einem Musterstaat engagierter Sozialpolitik. Er ließ Arbeiterwohnungen bauen, verfügte Sonntagsruhe und Schonung der Wöchnerinnen, führte Spar- und Krankenkassen ein, Kuren und Lohnfortzahlung im Krankheitsfall, Invaliden- und Witwenrenten. „Otto Graf Stolberg war einer der Erfinder des Wohlfahrtsstaates“, resümiert Juranek. Und außerdem ein erfolgreicher Unternehmer. Er verdoppelte den Ertrag seiner Domänen durch die Einführung von Kunstdünger. Seine Familie betrieb die Ilsenburger Hütte und die Henrichshütte in Hattingen – ungewöhnlich für den Hochadel. Der junge Graf heiratete seine Cousine Anna Reuß, eine glückliche Verbindung, denn die junge Frau hatte offenbar nichts dagegen, rund 23 Jahre ihres Lebens einer Baustelle zu widmen.

1862 hatte Otto damit begonnen, den Stammsitz der Familie in Wernigerode umzubauen, eine Liebhaberei, die fünf Millionen Reichsmark verschlingen sollte. Und so entstand im Harz eine Luxusimmobilie mit vier Treppentürmen, zehn Wendeltreppen, 85 weiteren Treppen, 57 Korridoren, Vorräumen und Fluren, 38 Abstell- und Vorratskammern, 31 Räumen für Dienerschaft und Verwaltung und 59 Wohn- und Repräsentationsräumen einschließlich der Zimmer für die fürstliche Verwandtschaft und logierende Könige. Die Ritterburg war Kuriosum und Geniestreich zugleich.

Ob im Festsaal des Schlosses oder im neogotischen Treppenturm – in der Luxusimmobilie von Wernigerode steht die Repräsention im Mittelpunkt

Christian Juranek steht vor dem Schlossmodell, an dem jemand 1800 Stunden gearbeitet hat, mit Mohn- und (teils durchbohrten!) Senfkörnern als Steinchen. „Das Bauprinzip ist die Vermeidung jeder Symmetrie. Frühling hat es geschafft, dass Schloss und Bergfried alle 45 Grad eine völlig neue Ansicht ergeben!“ Und warum? Dumme Frage. **„Alles Show! Es geht um gebaute Wirkung! Erlebnisarchitektur.“ Das Schloss von Wernigerode spielt in derselben Liga wie Neuschwanstein, Hohenzollern und das Schloss in Schwerin,** zeigt aber auch entfernte Verwandtschaft zum Schloss Chambord im Tal der Loire. Als große Geste erhielt die Burg eine prächtige Freiterrasse, die ein Fünftel der gesamten Baukosten verschlang, ein neugotisches Treppenhaus von zukunftsweisender Eleganz und einen mächtigen Bergfried, denn ein Schloss ohne Hauptturm sei wie ein „Hund ohne Schwanz“, fand der Architekt.

Allein der Bau der Schlosskirche nahm zehn Jahre in Anspruch, eine Kathedrale im Stil der frühen französischen Gotik, entworfen von Friedrich von Schmidt, Architekt der Wiener Ringstraßen-Bebauung, und von Frühling realisiert, mit Zugang zu den Privatgemächern der gräflichen Familie.

Und die sind, von der Seidenwandbespannung in den Gemächern der Gräfin über die zurückhaltende Noblesse in den Zimmern des Grafen Otto bis zur Lederimitat-Tapete aus Japan-Papier in seinem Schreibzimmer ein Erlebnispfad verwöhnter Schaulust. **Geistiger Höhepunkt des Schlosses war die Bibliothek mit wertvollen kirchlichen Handschriften und insgesamt 130 000 Bänden,** Ottos ganzer Stolz.

Auch in der Politik lief der Graf zu großer Form auf. 1871 wurde er als Abgeordneter in den ersten deutschen Reichstag gewählt. Nachdem er als Botschafter in Wien geholfen hat, einen Balkankrieg zu verhindern, holte Bismarck ihn als seinen Stellvertreter nach Berlin. Das Verhältnis kühlte allerdings bald ab, weil der Reichskanzler seinem Vize ständig dazwischenfunkte. **Dafür ernannte der Kaiser den Grafen zum Fürsten, ein Titel, der ihm nichts bedeutete, ein echter Reichsgraf war mehr wert. 1896 starb Otto Fürst zu Stolberg-Wernigerode auf seinem Schloss.**

Sein Sohn Fürst Christian Ernst (1864-1940) hatte vom Vater den Sinn für Repräsentation geerbt, jedoch fehlte ihm das Glück des Unternehmers. Im Krisenjahr 1929 kam aller fürstlicher Besitz unter Verwaltung der Dresdner Bank, die, um einen Bankrott abzuwenden, nicht nur die Landwirtschaft verkaufte, sondern auch den wertvollsten Teil der Bibliothek. 1930 öffnete das Schloss seine Pforten erstmals als Museum.

Nach 1945 hätten es die Russen gern gesprengt; die Wernigeröder haben es verhindert. Das Schloss wurde „Feudalmuseum". Weil es den „antidemokratischen und humanitätsfeindlichen Charakter der faschistischen und militaristischen Ideologie" aufdecken sollte, **wurde in der romanischen Kapelle eine Folterkammer eingerichtet.**

Heute gehört die Immobilie dem Landkreis Wernigerode. Christian Juranek hat dem Schloss in der deutschen Museumslandschaft einen neuen Standort zugewiesen: als Idealtyp romantischen Bauens, als Interieur-Museum, als Gesamtkunstwerk des 19. Jahrhunderts, so wie es Potsdam für das 18. Jahrhundert ist, ein fürstlicher Traum, den 200 000 Besucher im Jahr bewundern. Zugleich sieht Juranek das Schloss als Museum für die Harzregion, einen Kulturraum, der drei Bundesländer berührt und mit Ausstellungen wie „Goethe und der Harz" schon eine gelungene Inszenierung erlebte.

Vor allem aber leben im Schloss Kunst und Kultur des 19. Jahrhunderts, in Ausstellungen, Musikreihen und Schlossfestspielen. Jedes Jahr erfindet der Schlossgeist ein neues Thema. Einmal ist es die „Kunst der Verführung" mit Bildern des Franz von Stuck und Donizettis „Liebestrank"; danach das Thema „Verwandlungen", mit einer Modenschau des 19. und 20. Jahrhunderts und der Oper „Zar und Zimmermann". „Alles live. Musik aus der Dose gibt es nicht auf diesem Schloss", erklärt Christian Juranek. Dafür ein eigenes Kinderballett und ein Schlossgespenst. Es kommt immer im Sommer, hat viele kleine Freunde und heißt Werni. □

Drei Karyatiden tragen den Kaminfirst im Schreibzimmer der Fürstin Anna (links) und Hirsche die Kerzenhalter des Tafelsilbers (rechts)

Das große MERIAN-Gewinnspiel
Unter allen Einsendern verlost MERIAN **tolle Preise.**

MERIAN Die Lust am Reisen

PREMIUM SHOP

Angebote für Leser

In unserem Premium Shop bieten wir allen Lesern exklusive Highlights: Seltene MERIAN-Ausgaben aus unserem Archiv und einzigartige MERIAN-Sammlerstücke. Zusätzlich erhalten Sie ab einem Bestellwert von 25,00 Euro das „Best of MERIAN" gratis dazu! Für Ihre Bestellungen verwenden Sie den Coupon auf Seite 99.

MERIAN FAMILY

WEGWEISEND

MERIAN pcscout

Planen Sie Ihre Reise am PC. Mit über 50.000 Empfehlungen von MERIAN finden Sie in Deutschland, Österreich, der Schweiz, Norditalien und dem Elsass immer das richtige Reiseziel. Inklusive aktuellen Stadtplänen, Routenplaner, 750 Golfplätzen und ADAC Verkehrsinfos. Preis: 25,95 Euro. **Kennwort: PCSCOUT**

UNENTBEHRLICH

MERIAN *kompass*

Der praktische Reise-Begleiter für unterwegs und am Ziel. Die drei neuesten Titel dieser praktischen Reihe können Sie hier bestellen. Sie kosten jeweils 6,50 Euro und haben zwischen 96 und 128 Seiten mit ca. 60 Farbfotos. Format: 9,5 x16 cm, Softcover mit Schutzeinband. **Kennwort: MERIAN kompass „Endlich Ferien", „Olympische Spiele", „Das neue Europa"**

JUBILÄUMSHEFT

Best of MERIAN

Ein Sammlerstück, das man nicht kaufen kann! Erleben Sie faszinierende Rückblicke in die Geschichte von MERIAN! Opulente Bildstrecken, faszinierende Reisereportagen, kluge und witzige Essays, einfühlsame Stadtporträts und engagierte Sozialfotografie. Blicken Sie hinter die Kulissen: Lesen Sie, wie das MERIAN-Magazin entsteht, oder wie sich MERIAN anhand von 654 Titeln im Wandel der Zeit zu Deutschlands großem Reisemagazin entwickelte. Zusätzlich beigelegt ist jedem „Best of MERIAN" eine detallierte Deutschlandkarte im Posterformat von 52 x 73,5 cm. Ab einem Bestellwert von 25,00 Euro erhalten Sie das „Heft der Hefte" kostenlos dazu. Für Ihre Bestellung verwenden Sie bitte die Postkarte auf Seite 99.

Interessante Einblicke für jeden MERIAN-Liebhaber: die Titelparade der letzten 50 Jahre. Dazu ein Blick hinter die Kulissen: wie MERIAN entsteht und wie sich MERIAN verändert hat.

MERIAN-ABONNEMENT

Lust auf ein **Abonnement**

Wenn Sie MERIAN abonnieren möchten, erhalten Sie 12 Ausgaben im Jahr für 76,40 Euro (Auslandspreise auf Anfrage) statt 90,00 Euro bei Einzelkauf. Nutzen Sie den Preisvorteil von 15 % und sichern Sie sich Ihr Dankeschön: einen der vier MERIAN *live* Reiseführer. Mit Quickfinder in den Klappen, den Attraktionen jeder Reise auf einen Blick und gewohnt exzellenter MERIAN-Kartografie. Für Ihre Bestellung eines MERIAN-Abonnements verwenden Sie bitte die Postkarte auf Seite 99.

Unser Dankeschön für Ihr Interesse:
Wahlweise die besten Reiseziele Deutschlands, Italiens, Spaniens oder Skandinaviens. Kompakte Reise-Tipps auf über 550 Seiten.

MERIAN-**RARITÄTEN**

Weitere MERIAN-**RARITÄTEN** erhalten Sie auf Anfrage unter Telefon **0 40/87 97 35 40**

Lust auf MERIAN-Geschichte

Für Sammler und Geschichtsliebhaber haben wir unser Archiv geöffnet und offerieren Ihnen hier seltene Kulturschätze aus über 50 Jahren MERIAN. Die Archivexemplare bieten wir nur noch in sehr begrenzter Stückzahl und so lange der Vorrat reicht.

MERIAN VORALPENLAND
1958 **82,00 EUR**

MERIAN THÜRINGEN
1959 **72,00 EUR**

MERIAN DER HARZ
1962 **68,00 EUR**

MERIAN KARLSRUHE
1965 **60,00 EUR**

MERIAN BODENSEE
1967 **60,00 EUR**

MERIAN WESTERWALD
1968 **59,00 EUR**

MERIAN SCHLESW. LAND
1971 **56,00 EUR**

MERIAN DIE DONAU
1979 **51,00 EUR**

HISTORISCHE SAMMELSCHUBER **MERIAN**-Archiv!

Archivieren Sie Ihre MERIAN-Sammlung stilvoll und sicher in den exklusiven MERIAN-Sammelschubern aus Leder oder Leinen! Jeder Schuber bietet Platz für ca. 12 MERIAN-Ausgaben. Preise: Ausführung Leinen 10,00 Euro, Leder 22,00 Euro. **Kennwort: Schuber Leinen / Schuber Leder**

PROGRAMM

AUSWÄHLEN UND BESTELLEN

Lieferbare MERIAN-Titel*

Ägypten
Amsterdam
Andalusien
Autostadt in Wolfsburg
Baden-Württemberg
Baltikum
Barcelona
Berlin
Brasilien
Budapest
Burma-Myanmar
Chicago
Chinas Norden
Cote d'Azur
Das neue Ruhrgebiet
Dominikanische Republik
Dresden
Elsass
Ferien in Deutschland
Florida
Frankfurt
Franz. Atlantikküste
Gardasee
Hamburg
Indiens Norden
Indiens Süden
Irland
Istanbul
Italien
Japan
Jerusalem
Kalifornien
Kanadas Osten
Kanarische Inseln
Köln
Krakau
Kreta
Kroatien
Kuba
Leipzig
Ligurien
Lissabon
Loire
London
Madrid
Mallorca
Marokko
Mauritius
Mecklenburg-Vorpommern
Mexiko
Moskau
MS Europa
München
Neapel / Amalfi-Küste
New York
Oberbayern
Paris
Piemont–Turin
Portugal
Prag
Provence
Rom
Sardinien
Schottland
Schweden
Schweiz
Shanghai
Sizilien
Spaniens Norden
Steiermark
Südafrika
Südengland
Südtirol
Sylt
Thailand
Tirol
Toskana
Umbrien
USA: Die Südstaaten
Wasserreich Niedersachsen
Weimar
Wien

MERIAN

Die Lust am Reisen

PREMIUM SHOP

Viele der Ausgaben von MERIAN sind in begrenzter Stückzahl noch verfügbar! Die jüngst erschienenen MERIAN-Titel (siehe Programm-Auflistung, links) kosten 7,50 Euro inkl. Porto und Versand (innerhalb Deutschlands). Bestellen Sie mit der gegenüberliegenden Postkarte oder im Internet unter www.merian.de. Außerdem erhalten Sie das lieferbare Programm von MERIAN in jeder gut sortierten Buchhandlung und solange der Vorrat reicht.

SAMMELSCHUBER

MERIAN-Archiv!

Archivieren Sie Ihre MERIAN-Ausgaben in dem modernen MERIAN-Sammelschuber aus Acryl! Jeder Schuber bietet Platz für ca. 12 MERIAN-Magazine. Preis: 16,00 Euro. **Kennwort: Schuber Acryl**

* Das lieferbare Programm umfasst alle jüngst erschienenen Ausgaben von MERIAN. Raritäten auf Anfrage: Telefon 040/87 97 35 40

VERLOSUNG

DAS GROSSE MERIAN-GEWINNSPIEL

Unter allen Einsendern verlost MERIAN tolle Gewinne. Einfach nebenstehende Postkarte ausfüllen. Viel Glück!

1. Preis

Sie und Ihr Partner logieren wie ein König im Wasserschloss Westerburg. In Deutschlands ältester Wasserburg bieten heute 37 Zimmer und Suiten Luxus und Wellness pur. Genießen Sie ein Wochenende lang Ihr Mahl bei Kerzenschein im romanischen Restaurant oder im Ritterkeller.

2. Preis

Ein Wochenende Entspannung für Zwei bietet Ihnen das Hotel am Anger im Herzen der Altstadt von Wernigerode. Das preisgekrönte Haus hat seine Zimmer in modernem Landhausstil eingerichtet. Und beim Spaziergang mit Blick auf den Brocken vergessen Sie schnell Ihre Alltagssorgen.

3. Preis

Ein Verwöhn-Wochenende für zwei Personen bietet Ihnen das Romantik Hotel am Brühl in Quedlinburg im denkmalgeschützen Gebäude. Erfreuen Sie sich an dem ausgezeichneten Angebot des Hotelrestaurants. Und genießen Sie die Behaglichkeit der stilsicher eingerichteten Zimmer.

4.+5. Preis

Eine hochwertige Gartenbank von TRICONFORT. Der bequeme Zweisitzer ist Bank und Gartentruhe in einem. Aus Teak natur. Maße: 84 x 126 x 60 cm

---

Die Lust am Reisen

MERIAN

PREMIUM SHOP

WETTERFEST

WINDBREAKER

Der klassisch blaue Windbreaker trotzt Wind und Wetter, ist aber angenehm leicht und durch den großzügigen Schnitt sehr bequem zu tragen.
Universalgröße: Large
Preis: 39,90 Euro

Kennwort: Windbreaker

Bitte freimachen falls Marke zur Hand. Oder bestellen Sie per Fax: **040/27172079**

ANTWORT

MERIAN
Premium Shop
Postfach 60 12 20

D-22212 Hamburg

Die Lust am Reisen

MERIAN

GEWINNSPIEL

Wasserschloss Westerburg

Hotel am Anger

Romantik Hotel am Brühl

Bitte ausreichend frankieren.

Oder senden Sie per Fax: **040/27172079**

ANTWORT

MERIAN
Leserservice
Postfach 60 12 20

D-22212 Hamburg

Die Lust am Reisen

MERIAN

ABONNEMENT

Wenn Sie MERIAN abonnieren möchten, sichern Sie sich Ihr Dankeschön: einen der vier MERIAN *live* Reiseführer. Mit Quickfinder in den Klappen, den Attraktionen jeder Reise auf einen Blick und gewohnt exzellenter MERIAN-Kartografie.

Wunschtitel bitte ankreuzen:
- ☐ **Deutschland**
- ☐ **Italien**
- ☐ **Spanien**
- ☐ **Skandinavien**

Bitte freimachen falls Marke zur Hand. Oder senden Sie per Fax an: **040/27172079**

ANTWORT

MERIAN
Leserservice
Postfach 60 12 20

D-22212 Hamburg

Ich möchte bestellen.
Bitte liefern Sie die Produkte an folgende Adresse:

Name / Vorname des Bestellers

Straße / Haus-Nr.

PLZ / Ort

Tel.-Nr. / E-Mail

Datum / Unterschrift ME 06-2004

Rechnung abwarten – bitte keine Vorauszahlung leisten.
Die Lieferung erfolgt, innerhalb Deutschlands, porto- und versandkostenfrei. Auslandslieferungen auf Anfrage.

☐ **Mit der Zusendung von Informationsmaterial bin ich einverstanden.**

☐ **Ich habe den Bestellwert von 25,– Euro erreicht und erhalte „Best of MERIAN" als Dankeschön dazu.**

Bitte tragen Sie hier die Kennwörter, Anzahl und Preise ein:

Kennwort	Anzahl	Einzelpreis (Euro)	Gesamtpreis (Euro)

Summe

Ja! Ich möchte an der großen MERIAN-Verlosung teilnehmen.
Wenn ich zu den Gewinnern gehöre, benachrichtigen Sie mich bitte unter folgender Adresse:

Name / Vorname

Straße / Haus-Nr.

PLZ / Ort

Tel.-Nr.

E-Mail

Einsendeschluss ist der 30.06.2004
Mitarbeiter/innen des JAHRESZEITEN VERLAGS und deren Angehörige dürfen an der Verlosung nicht teilnehmen. Der Rechtsweg ist ausgeschlossen. Eine Barauszahlung der Gewinne ist ausgeschlossen.

☐ **Ich abonniere MERIAN für mich selbst.**
☐ **Ich möchte ein MERIAN-Abonnement verschenken.**

Name / Vorname des Beschenkten

Straße / Haus-Nr. / PLZ / Ort

Tel.-Nr. / E-Mail

Die Rechnung und das umseitig angekreuzte Dankeschön gehen an: (Adresse bitte unten eintragen). Der Jahres-Abo-Preis für 12 Ausgaben MERIAN beträgt 76,40 Euro frei Haus (innerhalb Deutschlands; Auslandspreise auf Anfrage).

Name / Vorname des Bestellers

Straße / Haus-Nr. / PLZ / Ort

Tel.-Nr. / E-Mail

Gewünschte Zahlungsweise bitte ankreuzen:
☐ **Gegen Rechnung** (Bitte keine Vorauszahlung leisten) ☐ **Bankeinzug** (Bequem und bargeldlos)

Bankleitzahl Kontonummer

Geldinstitut

Datum / 1. Unterschrift

Vertrauensgarantie: Die Bestellung wird erst wirksam, wenn sie nicht binnen zwei Wochen schriftlich beim MERIAN-Leserservice, Postfach 60 12 20, 22212 Hamburg, widerrufen wird. Zur Wahrung der Frist genügt die rechtzeitige Absendung des Widerrufs. Dieses Angebot gilt nur in der Bundesrepublik Deutschland und solange der Vorrat reicht. Das Dankeschön darf ich auch bei Widerruf behalten. Die Kenntnisnahme dieser Hinweise bestätige ich durch meine zweite Unterschrift:

Datum / 2. Unterschrift ME 06/04-22225, 22226

Ein MERIAN-Abonnement bietet Vorteile:

1. 15% Preisvorteil
Sie erhalten 12 Ausgaben zum Vorzugspreis von 76,40 Euro statt 90,00 Euro.

2. Service
Sie erhalten jede MERIAN-Ausgabe pünktlich frei Haus. Porto und Verpackung zahlen wir für Sie.

3. Vertrauensgarantie
Eine Bestellung wird erst wirksam, wenn sie nicht binnen 14 Tagen schriftlich beim MERIAN-Leserservice, Postfach 60 12 20, 22212 Hamburg, widerrufen wird. Zur Wahrung der Frist genügt die rechtzeitige Absendung des Widerrufs.

4. Geld-zurück-Garantie
Sie können Ihr Abonnement jederzeit kündigen und erhalten für gezahlte und noch nicht gelieferte Hefte natürlich Ihr Geld zurück.

Bestellen Sie einfach und bequem per

MERIAN-Leserservice
Postfach 60 12 20
22212 Hamburg

040 / 87 97 35 40

040 / 27 17 20 79

www.merian.de

www.merian.de
Tausende von Reisezielen, Eventkalender, Reportagen, Tipps & Empfehlungen und weitere exklusive Angebote im MERIAN Premium Shop

Die Lust am Reisen

MERIAN

DAS MONOGRAPHIE-PROGRAMM 2004

Ihre Bibliothek des Reisens

Wenn Sie MERIAN jetzt abonnieren, erhalten Sie mit den kommenden 12 Ausgaben die Welt von MERIAN frei Haus. Monat für Monat vervollständigt jedes Heft Ihre Bibliothek der Länder, Regionen und Städte.

MERIAN 01/2004

MERIAN 02/2004

MERIAN 03/2004

MERIAN 04/2004

MERIAN 05/2004

MERIAN 06/2004

MERIAN 07/2004

MERIAN 08/2004

MERIAN 09/2004

MERIAN 10/2004

MERIAN 11/2004

MERIAN 12/2004

MERIAN ist das Synonym für Reisen und Kultur auf höchstem Niveau. Wertvolle Tipps und detailgetreue Kartographie erleichtern Ihre Reiseplanung und geben Ihnen neue Ideen und Ziele.

Seit 55 Jahren: Kein Programm ist so vielseitig und von bleibendem Wert wie MERIAN.

Bestens bei Stimme: Die Vögel von Heinz Frick gewinnen regelmäßig Preise für ihre gekonnten Rollen und Touren beim Kanarienlied

Bei denen piept's

Text: Wolfgang Knape
Fotos: Marc-Oliver Schulz

Kein anderer Kanarienvogel singt so schön wie der Harzer Roller. In der Grube rettete er Kumpeln das Leben. Jetzt sind die Zechen zu, doch die Zucht hat überlebt

Das war jetzt aber der Tischvogel", sagt Frau Frick, und ihr Mann, die kräftigen Hände ineinander gelegt, rutscht zum Stuhlrand und lauscht mit leicht geneigtem Kopf dem Gesang aus den Käfigen vom Abhörtisch. „Es war der zweite von oben", korrigiert Herr Frick seine Frau, „an und für sich ein klasse Vogel, der hat das gesamte Repertoire drauf, aber dass der immer so lange auf der Hohlklingel hängt, das gefällt mir überhaupt nicht."

In der Wohnküche von Heinz und Ilse Frick in Bad Lauterberg stehen 44 Vogelkäfige. Heinz Frick hat erst vor wenigen Tagen mit dem „Einbauern" begonnen, und nun hocken seine Junghähne abgeschirmt und abgedunkelt in ihren genormten Behausungen, um ein paar Wochen ohne Ablenkung ihren Gesang studieren zu können.

Heinz Frick ist einer der wenigen, die bemüht sind, die Kanarienvogelzucht im Harz am Leben zu erhalten. Denn: Kein Kanarienvogel singt schöner als der Harzer Roller. Ein Gesangsgrundmuster aus so genannten Touren ist dem Harzer Roller angeboren, doch um die Hohlrolle, Knorre, Wasserrolle oder Schockel perfekt zu singen, braucht ein Kanarienvogel Training – und Talent.

Zweimal am Tag hört Heinz Frick seine Vögel ab. Am Ende wird er die besten Sänger auswählen und seine Kollektionen für die bevorstehende Harzmeisterschaft zusammenstellen. Professionelle Juroren werden dann bewerten, wie weich und tief, mit welchem Klang und Schmelz die Vögel ihre Touren darbieten.

Frick stellt die Käfige an ihren Platz zurück, schließt die Klappen und wählt ein neues Quartett zum Abhören aus. Auf kleinen Schildern ist die Ringnummer des Einsitzenden vermerkt, links davon die Nummer der Vogelmutter, rechts die des Vaters. Frick schlägt die Klappen hoch, und kaum, dass die vier Neuen das Tageslicht wahrnehmen, hüpfen sie von Stange zu Stange und singen sich mit sichtlichem Vergnügen schon mal ein.

Anfangs war es nicht nur ihr Gesang, der die Kanarienvögel im Harz so beliebt werden ließ. Tiroler Bergleute brachten sie um 1730 in die Gegend um St. Andreasberg, wo Kumpel die Tiere als gefiederte Gefahrendetekto-

Vogelsang statt Radio: historische „Kanarienküche“ im Harzer Roller-Museum

Die Küken haben Hunger. Gesungen wird mit geschlossenem Schnabel

ren mit unter Tage nahmen: Schmatzte der Vogel, war das für den Bergmann Indiz dafür, dass die Frischluftzufuhr unzureichend war und man besser schnellstmöglich wieder ans Tageslicht fuhr. Mittlerweile haben die Kanarienvögel im Harz die Zechen überlebt. Zehn Jahre lang leitete Heinz Frick die HIG, die „Harzer Interessengemeinschaft der Gesangskanarienzüchter“. Rund 50 Aktive zählt der Verein, 1990 waren es noch weit über 100. „Die alten Züchter sterben aus, Junge wachsen kaum nach“, sagt Frick.

Er selbst ist seit 30 Jahren leidenschaftlicher Züchter, 1974 bekam der gebürtige Bad Lauterberger zum Geburtstag drei Weibchen geschenkt. Ein Jahr später nahm er bereits an der ersten Vereinsmeisterschaft teil. Für einige seiner Vögel bekam er die Bestnote: 90 Punkte. Frick wurde Harzmeister und seither fehlen seine Vögel bei keiner wichtigen Meisterschaft.

Auf den Schränken und in den Regalen ist kaum noch Platz für neue Preise und Pokale. Die Zucht aus der Zechenstraße in Bad Lauterberg ist begehrt. Doch seine Vögel gibt Heinz Frick grundsätzlich nur in die Hände von Liebhabern und Züchtern. Zoohandlungen beliefert er nicht. Einmal, erzählt er, sei ein gutbetuchter Holländer bei ihm gewesen, der habe ihm für einen 90-Punkte-Hahn ein schönes Sümmchen geboten. Doch auch der musste ohne Vogel wieder abreisen. Lieber, sagt Frick, hätte er seinen Hahn verschenkt.

Er zieht die nächsten Käfige heraus und baut sie auf dem Abhörtisch zu einem Turm auf. Dann rückt er seinen Stuhl heran und setzt sich unmittelbar vor die Vierergruppe. Die Sänger im gelben Frack lassen sich kein bisschen von dem kräftigen Mann beeindrucken; offensichtlich wissen sie, was jetzt von ihnen erwartet wird: Sie recken sich, nehmen Haltung an, strecken die Hälse leicht nach oben und dann – wie auf ein geheimes Kommando – beginnen sie bei geschlossenem Schnabel mit ihrem Gesang. „Das war jetzt die Hohlrolle!“, ruft Herr Frick voller Begeisterung, und seine Frau knetet vor Aufregung ihr Taschentuch, als der angeschwollene Kehlkopf des kleinen Sängers bei den rollenden Tönen gewaltig vibriert. □

Wolfgang Knape, *Jahrgang 1947, lebt in Leipzig und Stolberg. Zum Harz gibt es mehrere Veröffentlichungen von ihm.*

MERIAN | INFO

Der Ruhm der Harzer Roller

Vor 150 Jahren lebte St. Andreasberg von seinen Kanarienvögeln

Spanische Mönche waren die ersten, die ab 1485 den kleinen, bunten Finkenvogel in Gefangenschaft züchteten. Um 1600 gelangte der Kanarienvogel nach Italien, und im 18. Jahrhundert entwickelte sich Imst in Tirol zum Zentrum des Kanarienvogelhandels. Händler vertrieben die begehrten Sänger in ganz Europa und brachten sie bis in die Türkei. Die Lebensgeschichten Imster Vogelhändler inspirierten in der Vergangenheit Dichter und Komponisten zu bedeutenden Werken („Der Vogelhändler“, „Die Zauberflöte“). Mit zugewanderten Bergleuten aus Tirol kamen die Kanarienvögel um 1730 in den Harz und fanden hier rasch Liebhaber. In anderen Bergbaugebieten warnten die Vögel unter Tage die Kumpel vor plötzlich austretenden giftigen Gasen. Wurde der Vogel bewusstlos, galt es, schnell die Grube zu verlassen. Menschen, die unter einer Chemieunverträglichkeit leiden, nennt man in den USA noch heute *canaries*, Kanarienvögel.

Seit 1850 war St. Andreasberg das Zentrum für den weltweiten Kanarienvogelhandel. 1866 wurde eine Harzer-Roller-Filiale in St. Petersburg gegründet, 1883 waren mehr als 350 ansässige Familien mit der Aufzucht der Vögel, der Herstellung der Käfige und dem Vertrieb beschäftigt. Allein der Großhändler Carl Reiche bestellte über 180 000 Harzer Roller in St. Andreasberg und verschiffte sie nach Nordamerika, Südafrika oder Australien. Davon erzählt sehr anschaulich das 2001 eröffnete erste Harzer Roller Kanarien-Museum der Welt. In elf über drei Ebenen verteilten Räumen erfährt der Besucher eine Menge Wissenswertes über den kleinen Vogel, der seinen Ruhm dem Bergmann Wilhelm Trute verdankt. Er züchtete in St. Andreasberg den ersten Stamm der für ihren Gesang bekannten Harzer Roller. **Das Museum ist Mo-Sa von 8.30-16 und So ab 10.30 Uhr geöffnet und gehört zum Historischen Silbererzbergwerk Grube Samson in St. Andreasberg**

Noch trainiert der Springernachwuchs auf der Sommerschanze, aber bald, so hoffen die Kleinen, geht es auf die Wurmbergschanze, die für Erwachsene

Text: Arne Boecker, Fotos: Walter Schmitz

Noah Almstedt sieht ein wenig aus wie aus dem „Krieg der Sterne", dabei kämpft der Neunjährige eher noch mit seinem Flugstil

Hendrik Buchholz ist sechs Jahre alt, das Leben liegt noch vor ihm. Aber zunächst konzentriert er sich auf den Sprung, den er gleich wagen wird

Wenn klobige Kunststoffschuhe an den Füßen hängen, ist der Weg nach oben anstrengend. Erst muss Noah über dicke Wurzeln steigen, dann schrundige Felsbrocken umgehen. Die langen Latten muss er dabei so auf der rechten Schulter balancieren, dass er andere nicht verletzt. Und jetzt noch die Stufen, Dutzende von Stufen. Noah keucht. Aber als er oben steht, erholt er sich schnell. Konzentriert bereitet er sich jetzt auf den schönen Teil seines Sports vor. Eines ist sicher: Runter kommt er deutlich schneller als rauf.

Noah, der Neunjährige, kann nämlich fliegen. Er ruckelt den Helm

Reif für den Wurmberg

Skepsis und eine Portion Abgebrühtheit scheinen aus diesen Kinderaugen zu sprechen. Eigenschaften, die man im Harz im Flug erwirbt

Helmut Reichertz ist seit Jahrzehnten im Springerzirkus zu Hause. Heute gibt er sein Können an den kleinen Hendrik weiter

Noah gleitet auf Kunststoffmatten zu Tal. Jetzt heißt es Fahrt aufnehmen und den Absprung punktgenau erwischen

zurecht und dehnt das Band der Brille. So verpackt sieht der Spök schulteraufwärts richtig erwachsen aus. Der schmächtige Körper will allerdings

Skispringer werden im Sommer geboren

nicht zu dem riesigen Helm passen. Junge Skispringer wirken ein bisschen wie Außerirdische.

Es ist ein herrlicher Herbsttag, das Thermometer zeigt noch 19 Grad. Auf der Braunlager Brockenwegschanze liegt nicht etwa Schnee – auf Matten rattern die Skisportler ins Tal. Die Veranstaltung zählt zur Nordwestdeutschen Mattenschanzentournee; weitere Stationen sind Wernigerode, Meinerzhagen, Winterberg und Willingen. Auf derartigen Talentschauen sucht Deutschland den Star, der irgendwann die Hannawalds und Schmitts ablöst.

„Mittelgebirge wie der Harz sind nicht schneesicher", erzählt Helmut Reichertz, „also werden Skispringer mittlerweile im Sommer geboren." Reichertz ist Trainer im Wintersportverein Braunlage von 1892, außerdem im Niedersächsischen Skiverband. Er rechnet: „Zwischen Mai und November kommen wir auf 30, im

Winter höchstens auf sechs Springen." Der Anlauf vom Turm ist aus Edelstahl, die Matten sind aus Kunststoff. „Das Besondere an der Matte ist, dass sie gleich bleibende Bedingungen garantiert", erklärt Reichertz. „Schnee kann körnig, feucht oder eisig sein."

Und die Kinder können begabt oder untalentiert zum Springen sein. „Die Kinder müssen sportmotorisch fähig sein, also bestimmte Bewegungen schnell umsetzen können", sagt Trainer Reichertz. Der 64-Jährige gehört dem Springerzirkus seit mehr als fünf Jahrzehnten an, erst als Aktiver, dann als Trainer. „Das wird mich auch nicht mehr loslassen", weiß er. Jede freie Minute pusselt er an der Schanze herum.

Der Sender RTL hat den Sport mit aller Medienmacht in die Schlagzeilen gedrückt. Mit Martin Schmitt und Sven Hannawald sind zwei Schwarzwaldjungs – Letzterer eigentlich aus dem Erzgebirge – zu Stars aufgestiegen. Selbst die Kleinsten stechen auf der Braunlager Brockenwegschanze nach gelungenen Hüpfern beide Zeigefinger in die Luft, wie Hannawald das nach großen Siegen macht. „Der Boom flaut aber schon wieder ein bisschen ab", sagt Trainer Reichertz.

Noah steht oben und schaut kilometerweit über den Harz. Grün glänzen die Matten in der Sonne. Und das Ziel liegt weit unten, wo die Autos aussehen, als seien sie von Matchbox gebaut.

Er konzentriert sich und imaginiert den perfekten Sprung. Im Anlauf ist wenig zu tun. Der Springer kauert sich zusammen, um maximales Tempo aufzunehmen. Erst der Schanzentisch trennt Mittelmaß von Siegern. Hier entscheidet Gefühl für die Millisekunde, in der ein Springer hochschnellen muss, ein Gefühl das sich nur allmählich einstellt, beim Üben und

Üben und nochmals Üben, das schnell wieder verloren gehen kann.

Noah hat den Absprung sicher erwischt. Nach dem Absprung nutzt er den Wind; weit spreizt er die Skispitzen nach außen, das „V“ der Ski produziert vor seinem Oberkörper ein Luftkissen. Der Sportler ist beim Sprung eigentlich gar nicht so weit vom Boden entfernt. „Maximal zweieinhalb Meter“, schätzt Trainer Reichertz. Dieses Wissen mindert aber nicht die Mutprobe. Die Landung sollte im Telemark-Stil erfolgen. Der geht so: Ein Fuß landet ein paar Zentimeter vor dem anderen. Ist allerdings eine wacklige Angelegenheit. Geben die Knie zu sehr nach, rodelt der Springer auf dem Hosenboden nach unten. Steht er den Sprung, ist der Rest Schau-Laufen: Entweder der Springer schreit seinen Frust über Fehler raus oder aber er streckt die Zeigefinger zum doppelten „Hanni“.

So weit wie die Schanzenstars ist Noah noch lange nicht. Jetzt kommt er angesprungen, eine Böe bringt ihn in Schieflage. Aber die widrigen Winde machen ihn nicht bange, souverän zieht er den Sprung durch, wenn auch am Schluss eine breitbeinige Notlandung steht.

Immer noch besser, als nach dem Aufsetzen das Gleichgewicht zu verlieren und einfach umzukippen. Dann dringen schon mal Schluchzer unter dem Helm hervor und Papa oder Mama eilen zum Trösten herbei. Richtig fliegen können sie eben doch nicht, die jungen Skispringer von Braunlage, und manche Landung misslingt. Große Flicken auf dem Hosenboden überdecken aufgerissene Stellen.

Unten im Auslauf lümmeln sich die, die schon gesprungen sind, auf der grasgrünen Matte. In der einen Hand Lakritz, in der anderen eine Cola. Ihre Anzüge haben sie bis zu den Hüften herabgerollt. Sie schauen nach oben zur Schanze, die in den blauen Harzhimmel ragt und kommentieren die anderen Springer: „Tja, Absprung verpennt!“ oder „Junge, Junge, was für ‘n Flattermann!“

Während sich Noah die Ski abschnallt, erzählt Helmut Vogel: „Ich trainiere mit ihm, mache aber auch den Chauffeur.“ Noah ist kein echtes Harzkind, er wohnt in Göttingen. Fast jeden Freitag setzt er sich in den Zug nach Herzberg, wo ihn sein Ziehvater Helmut Vogel pünktlich um 14.27 Uhr abholt. Das Wochenende ist randvoll mit Training, Training, Training.

„Der kann gar nicht genug kriegen“, sagt Vogel. Noah zählt im norddeutschen Raum zu den besten Skispringern seines Alters. Nach längerem Überlegen kommt er auf immerhin 19 Pokale, die daheim im Kinderzimmer stehen. „18 davon“, sagt er, „sind für erste Plätze.“ Dann hat er aber schon keine Zeit mehr, will wieder rauf auf den Turm.

Patrick Surmann bügelt. Nimmt einen Wachsstift, tupft ihn auf die Ski und geht dann mit einem Bügeleisen drüber. Schräg lehnen seine Ski an einer Balustrade. „Die Ski müssen waagerecht liegen, wenn du sie wachst“, ruft ihm Helmut Reichertz im Vorübergehen zu. Also packt Patrick die Sportgeräte auf zwei Böcke. Im Gras ringelt sich die Verlängerungsschnur für das zweckentfremdete Bügeleisen.

Der 14-jährige Patrick Surmann ist „schon auf der Grenze vom Hüpfen zum Springen“, erklärt Helmut Reichertz. Wie Noah gehört er zu den Assen seines Alters. Bei der Mattenschanzentournee ist er im vergangenen Jahr Zweiter geworden. Vier Punkte hinter einem Christof aus Willingen. Seinem Bügelschwung ist anzusehen, dass ihn das mächtig fuchst. Mit acht Jahren ist er über ein „Schnupperskispringen“ zu diesem Sport gekommen. 7,5 und 8 Meter weit waren seine ersten Sprünge. Man kann das nachschlagen in den beiden dicken Ordnern, die sein Vater Manfred Surmann säuberlich angelegt hat: Ergebnislisten, Urkunden, Zeitungsausschnitte.

Ziemlich einsilbig werden die jungen Hüpfer, wenn man sie darauf anspricht, ob sie denn gar keine Angst haben vor ihren Luft-Reisen. Patrick will viel lieber erzählen, dass „das Freisein zwischen Schanzentisch und Landung einfach geil“ ist. Man muss sich das wohl so vorstellen: Bei den allerersten Sprüngen sind die Kinder aufgeregt, kriegen aber schnell mit, dass nicht viel passieren kann.

Beim Sommerskispringen um den Harzpokal stehen die Siegerpokale für ein glänzendes Ergebnis bereit

Bügeln ist wie der Schanzensport Männersache. Marcel präpariert seine Ski mit Wachs und heißem Eisen

Abjetzt ist ein Sprung für sie nichts anderes als ein komplizierter Fallrückzieher beim Fussball. „Die Trainer achten außerdem darauf, dass die Kinder behutsam von einer Schanze zur nächst größeren geleitet werden“, sagt Manfred Surmann.

Patrick macht sich fertig für den Sprung. Er trägt einen gelb-grauen Carrera-Helm. „Sieht cool aus“, sagt er. Der Heizungsbauer, der auf dem Sprunganzug wirbt, ist sein Onkel. Patrick schnappt sich die gelben 2,22-Meter-Sprunglatten. „Die stellt der Verein“, sagt Vater Surmann. Insgesamt kostet eine Ausrüstung etwa 1000 Euro.

Patrick gleitet in die Anlaufspur. „Nicht nach oben, nach vorne springen!“, wird er jetzt denken. Mit kritischem Blick verfolgt der Vater den Sohn. Patrick landet bei 55,5 Metern. Er weiß zu diesem Zeitpunkt noch nicht, dass ihm das den Tagessieg einbringen wird. „Bei der Landung hater ein bisschen gemogelt“, mäkelt Manfred Surmann. „Das war kein richtiger Telemark.“

Ein paar Jahre hat Patrick Surmann noch Zeit. Wer weiß, was die Pubertät mit dem Skispringer macht? Sein nächstes Ziel hat er allerdings immer vor Augen. Wer aus dem Wohnzimmer der Surmanns über die Terrasse in den Harz schaut, sieht die Wurmbergschanze aufragen – wenn sich die Diva nicht gerade dramatisch in Nebel

Das freie Fliegen ist einfach geil

hüllt. Die Schanze ist was für Große, der Rekord liegt jenseits der 100-Meter-Marke. „Ich wollte da schon im letzten Jahr runter“, sagt Patrick, Ungeduld in der Stimme. „Ich muss meine Trainer überzeugen, dass ich jetzt reif bin für den Wurmberg.“ □

Arne Boecker, *geboren 1962, ist Korrespondent der* Süddeutschen Zeitung. *Von einer Schanze, und sei es einer noch so kleinen, würde er nie springen.*
Walter Schmitz, *Jahrgang 1947, freier Fotograf aus Hamburg, war fasziniert von der großen Begeisterung der jungen Skispringer beim Training.*

Amar, zehn Jahre alt, sucht bald den Halt in der Luft, den ihm augenblicklich noch der Trainer bietet

Wo sich dürre Fichten unter
Wind, Eis und Schnee krümmen,
ist der Brockengipfel nah
und beste Fernsicht garantiert

eis zeit

Im Winter wird der Harz zu einem Traum in Weiß. Dörfer, Wald und Höhen liegen unter Zuckerguss, die Landschaft wird ruhig und der Mensch auf Brettern und Kufen aktiv
Foto: Volker Schadach

w i n t e r f r e u d e n

Nur das Geländer weist den Weg, wenn Schnee den Hochharz in Zuckerwatte packt und die Bahn mit Volldampf durch die Kälte fährt

Der Husky ist beim Rennen in Tanne der Porsche unter den Schlittenhunden, und der Musher, der Schlittenfahrer, sein Herr und Meister

Bei Stabkirchen denkt der Betrachter an Norwegen, dabei steht diese zwischen Hahnenklee und Bockswiese – als einzige in Deutschland

tief schnee

Egal ob auf Snowboard oder Ski, am Wurmberg findet jeder seine Idealpiste

Der Harz ist in den Hochlagen relativ schneesicher. Die Langlaufloipen bringen es auf 500 Kilometer Gesamtlänge, jedes Dorf bietet wenigstens einen Rodelhang, Eisbahnen gibt es in größeren Orten. Ski Alpin ist in klassischen Wintersportorten wie Braunlage, St. Andreasberg und Altenau möglich. Ski- und Rodelverleihe sind dort selbstverständlich

Speed-Rodler machen den Sonnenberg in St. Andreasberg zur Sprungschanze

SCHNEETELEFON

Harzweite Informationen zur Wetterlage und den Schneehöhen (01.12.-31.03. geschaltet)
Tel. (053 21) 200 24 oder 200 25

EISSPORTSTADIEN & NATUREISBAHNEN

Für Schlittschuhläufer empfehlen sich Braunlage, Altenau und Wernigerode mit ihren überdachten Eissportarenen. Je nach Wetter und Temperatur lohnen auch die Natureisbahnen in Bad Lauterberg, Hahnenklee, Hasselfelde, Hohegeiß, Schierke und Wildemann.

LANGLAUF

(D 1/2) Bad Harzburg und Umgebung
Loipen von ca. 30 Kilometer Länge mit Höhenunterschieden von 270 Meter; leicht bis mittelschwer. Verbindung bis Torfhaus und in den Nationalpark Hochharz.
Tourist-Information, Herzog-Wilhelm-Str. 86
Tel. (053 22) 753 31, Fax 753 29
www.bad-harzburg.de

(D 4) Bad Lauterberg und Südharz
Loipen mit einer Länge von 42 Kilometern; Steigung 300 Meter, leichte bis mittelschwere Streckenführung, landschaftlich reizvoll.
Tourist-Information, Ritscherstraße 4
Tel. (055 24) 920 40, Fax 55 06
www.badlauterberg.de

(F 2) Wernigerode und Hochharz
Loipen im Nationalpark Hochharz von mehr als 37 Kilometer Länge; Steigung 350 Meter; leicht bis mittelschwer. Schneesichere Rundwanderloipen in mehreren Orten, zum Beispiel in Drei Annen Hohne.
Nationalpark Hochharz, Lindenallee 35
Tel. (039 43) 550 20, Fax 55 02 37
www.nationalpark-hochharz.de

SKI ALPIN/SNOWBOARD

(E 3) Braunlage
Mehrere Pisten für Fortgeschrittene am Wurmberg (Kennzeichnung: rot/blau), Schlepplifte und Seilbahn; Sprungschanze.
Elbingeröder Straße 17
Tel. (055 20) 930 70, Fax 93 07 20
www.braunlage.de, Tageskarte Erw. 19,50 €
Kinder bis 15 Jahre 10,50 €

(C 2) Schulenberg
Vier Abfahrtspisten aller Schwierigkeitsgrade mit bis zu 160 Meter Höhenunterschied, Übungshang, zwei Schlepplifte.
Tourist-Information, Wiesenbergstraße 16
Tel. (053 29) 848, Fax 849
www.harztourismus.com
Tageskarte Erw. 15 €, Kinder 10 €

(D 3) St. Andreasberg
Matthias-Schmidt-Berg und Sonnenberg, beide schneesicher! Sessellifte, Schlepplifte, neun Abfahrtspisten mit 400-1000 Meter Länge, alle Schwierigkeitsgrade.
Tourist-Information, Am Kurpark 9
Tel. (055 82) 803 36, Fax 803 39
www.sankt-andreasberg.de, Tageskarte Matthias-Schmidt-Berg Erw. 16 €, Kinder 11 €, Sonnenberg Erw. 15 €, Kinder 12 €

SKISPRINGEN

(E 3) Braunlage
Informationen zum Thema Skispringen, Wettkampf-Termine (s. S. 100-105) oder Schnuppertraining in Braunlage.
Wintersportverein Braunlage von 1892
Tel. (055 20) 740, www.wsv-braunlage.de

RODELN

(D 2) Altenau
Rodelbahn Torfhaus, der einzige Harzer Rodelhang mit Rodellift, Rodel-Verleih.
Tourist-Information, Hüttenstraße 9
Tel. (053 28) 80 20
Fax 802 38, www.harztourismus.com

(E 3) Schierke
Mehrere Rodelbahnen. Zudem ausgedehntes Loipennetz von mehr als 40 Kilometer Länge. Pferdeschlittenfahrten.
Kurverwaltung, Brockenstraße 10
Tel. (03 94 55) 310, Fax 403
www.schierke-am-brocken.de

(B/C 2) Wildemann
800 Meter lange Rodelbahn, abends mitunter beleuchtet. Setzbügeleisen-Eisschießen auf Natureisbahn.
Tourist-Information, Bohlweg 5
Tel. (053 23) 61 11, Fax 61 12
www.harztourismus.com

KLETTERN

Eisklettern an einer Simulationswand im Kurpark Schierke. Bei Frost „echtes" Eisklettern an gefrorenen Wasserfällen. Für Klettererfahrene ab 18 Jahren mit guter Kondition.
(E 3) DAV Basislager Brocken
Mühlenweg 1, 38879 Schierke
Tel. (03 94 55) 51 546
www.DAV-basislager-brocken.de

Langläufer finden im Nationalpark Harz präparierte Loipen und schöne Landschaften

INFO Service

MERIAN-Top Ten

Was Sie unbedingt sehen, unternehmen und erfahren sollten:

1. **Harzer Schmalspurbahnen** Die legendären Dampfloks fahren durch tiefe Täler und Wälder, durch prächtige Fachwerkstädte und auf den Brocken.
2. **Walpurgisnacht** Die Nacht zum 1. Mai gehört den Hexen und Teufeln, den Umzügen und wilden Tänzen um lodernde Feuer in vielen Orten.
3. **Goslar** Eine zauberhafte Stadt mit moderner Kunst und altem Fachwerk in allen Gassen und dem nahen Bergwerksmuseum Rammelsberg.
4. **Tropfsteinhöhlen Rübeland** Stalaktiten und Stalagmiten in allen Formen und Farben: Die Baumanns- und Hermannshöhle gehören zu den schönsten Tropfsteinhöhlen in Europa.
5. **Quedlinburg** Eine Stiftskirche, ein Schloss und ein mittelalterliches Stadtbild mit 1200 Fachwerkhäusern aus vier Jahrhunderten können nur eines ergeben – Weltkulturerbe.
6. **Oberharzer Wasserregal** Ein mehrere 100 Jahre altes Speicherteich- und Grabensystem um die Bergstädte aus 65 Teichen und 70 Kilometer Gräben mit wunderschönen Wanderwegen entlang der Ufer.
7. **Halberstädter Dom** Eine der schönsten gotischen Kathedralen Deutschlands; ein Meisterwerk der Steinmetzkunst.
8. **Clausthal-Zellerfeld** Im Bergwerksmuseum eintauchen in die Historie von abgetäuften Schächten, Fahr- und Wasserkünsten und Bergmannsleben über die Jahrhunderte.
9. **Schloss Wernigerode** Das „Neuschwanstein des Nordens“ ist Erlebnisarchitektur und zugleich führendes Interieur-Museum in Deutschland.
10. **Brocken** Auf dem höchsten Berg im Harz zu stehen, mit seinen bizarren Felsen und seltenen Pflanzen, krönt jede Harzreise, das wussten schon die Altvordern von Goethe bis Heine.

Natur von Menschenhand: Der Oderteich entstand 1714-1721 als erste Talsperre Europas, der Stangenwald aus Fichten wurde später gepflanzt

Steinreicher Meeresboden

Die Erdgeschichte des Harzes ist ein faszinierender Aufstieg von der Unterwasserwelt zum Gebirge

Für Geologen, Mineralogen und Fossiliensammler ist das nördlichste Mittelgebirge Zentraleuropas ein faszinierender Ort: Auf kleinem Raum finden sich fast alle Gesteinsarten aus allen Entwicklungsstadien der Erdgeschichte, manche sind bis zu 560 Millionen Jahre alt. Im Laufe der Zeit haben die Kräfte der Natur aus dem Harzgebirge schroffe Klippen, Täler und markante Felsbrocken herausmodelliert. Im Norden erhebt sich das Gebirge bei Wernigerode und Ilsenburg unerwartet steil aus dem flachen Land; Granitfelsen, Moore und Bergwiesen überziehen die zentrale Hochebene. Nach Südosten hingegen fällt der Harz sanft von 500 auf 300 Meter ab. Nur Ram- und Auerberg ragen ein wenig heraus.

Einst war der Harz der Boden eines 2000 Meter tiefen Meeres, noch heute finden sich versteinerte Meerestiere. Abgelagerte Sedimente wurden über die Jahrmillionen durch Erdverschiebungen mehrmals nach oben gedrückt. Unterirdische Vulkane begannen zu brodeln und Magma trat aus, die heiße Masse erkaltete unter der Erde. Was heute „Brockengranit“ genannt wird, sind ebenjene Magmabrocken, die an der Erdoberfläche unter dem Einfluss von Wasser, Eis und Wind verwitterten und als so genannte „Granitwollsäcke“ auseinander gefallen sind. Daneben entstanden Schiefer, Grauwacken und Dolomitgestein. Auch Gips und Kalkstein sind noch heute in Harzer Höhlen zu bewundern. Während die glutflüssigen Magmen aufstiegen, flossen Gase und Flüssigkeiten hinab und drangen tief in Gebirgsspalten ein. Sie enthielten jede Menge Erze: Gold, Silber, Blei, Mangan, Arsen, Zink und Schwefel.

So bildeten sich die Harzer Erzgänge – die Voraussetzung für die Harzer Bergbaugeschichte, die bis zum Anfang des letzten Jahrhunderts die Geschicke des Harzes bestimmt hat.

Autorin des Service-Magazins: Frauke Meyer

VERANSTALTUNGEN

Januar Internationales Ski-Springen auf dem Wurmberg in Braunlage. Winterfest in St. Andreasberg mit Umzug, Nachtsprintlauf. Schlittenhunderennen in Hasselfelde.
Februar Internationales Schlittenhunderennen in Clausthal-Zellerfeld. Bei Schneemangel kommen Wagen statt Schlitten zum Einsatz.
Februar/März Schlittenhunderennen in Tanne. Offene Harzer Meisterschaften im Setzbügeleisen-Eisschießen in Altenau.
Ostern Osterfeuer in vielen Orten und auf zahlreichen Höhen.
April/Mai Walpurgisnacht in vielen Orten, z. B. Schierke, Thale und St. Andreasberg: Tausende verkleidete Hexen und Teufel feiern in der Nacht vom 30. April zum 1. Mai ausgelassen.
Pfingsten „Finkenmanöver“ z. B. in Thale, Benneckenstein, Hohegeiß, bei dem Buchfinken in verhüllten Käfigen zum Sängerwettstreit antreten.
Juni Waldfest in Hasselfelde mit Holzhacker-Wettstreit.
Juli Ritterspiele auf Burg Regenstein in Blankenburg: mittelalterliche Turniere.
August Salz- und Lichterfest in Bad Harzburg. Mit Chor-, Rock-, Jazzkonzerten und

Kleinkunst. In Clausthal-Zellerfeld Anfang des Monats Jodlermeisterschaften.
September Auf dem Europastadtfest in Stolberg gibt's Spezialitäten und Folklore.
Oktober Märchenfest in Hahnenklee: Puppentheater, Spiel- und Bastelaktionen für Kinder.

ANREISE

Mit der Bahn

Die Deutsche Bahn fährt den Harz aus allen Himmelsrichtungen an; das Schienennetz liegt wie ein Ring um die Region und bedient mehr als zehn Städte. Für die Weiterfahrt gute Busverbindungen.
Bahn: www.bahn.de
Bus: Niedersachsen: www.efa.de
Sachsen-Anhalt: www.nasa.de

Mit dem Auto

Aus Richtung Berlin führen mehrere Bundesstraßen von der A2, Magdeburg-Braunschweig, direkt in den Harz: über Magdeburg die B 81 nach Halberstadt, Quedlinburg und Wernigerode; von Braunschweig die A 395/B 4 nach Vienenburg und Bad Harzburg. Auf der A7, Hannover-Kassel, erreicht man den Harz von Westen: aus dem Norden kommend, Abfahrt Rhüden auf die B 82, Richtung Goslar, oder Abfahrt Seesen, auf die B 248/242, Richtung Clausthal-Zellerfeld; von Süden kommend, Abfahrt Göttingen, auf die B 27, Richtung Herzberg.
www.harzinfo.de/anreise

NOTRUF

Bergwacht Goslar:
Tel. (053 21) 370 00
Bergwacht Wernigerode:
Tel. (039 43) 55 34 60
(Sektion vom DRK)
Bergwacht Quedlinburg:
Tel. (039 46) 770 00

AUSKUNFT

Harz gesamt
Der Harzer Verkehrsverband bietet neben touristischem Info-Material (Prospektversand, Veranstaltungstipps, Infos zur Anreise und zu Pauschalangeboten, Ortsinfos) eine Online-Hotelsuche und -Buchung.
Harzer Verkehrsverband
Marktstr. 45, 38640 Goslar
Tel. (053 21) 340 40
Fax 34 04 66, www.harzinfo.de

Sachsen-Anhalt
Landesmarketing Sachsen-Anhalt GmbH, Am Alten Theater 6, 39104 Magdeburg
Tel. (03 91) 567 70 80
Fax 567 70 79
www.sachsen-anhalt-tourismus.de

Niedersachsen
TourismusMarketing Niedersachen GmbH
Theaterstraße 4-5
30159 Hannover
Tel. (05 11) 270 48 80
Fax 270 48 888
www.reiseland-niedersachsen.de

Thüringen
Thüringer Tourismus GmbH
Weimarische Str. 45
99099 Erfurt
Tel. (03 61) 374 20
Fax 374 23 88
www.thueringen-tourismus.de

INFORMATIONEN

Harzer Schneetelefon

(053 21) 200 24/5
vom 1.12. bis 31.3. Wintersportwetterbericht. Auch unter www.harzinfo.de

Nationalpark Harz

Broschüren zur Flora und Fauna und zum Wandern. Themenwanderungen.
Nationalparkverwaltung
Oderhaus 1
37444 Sankt Andreasberg
Tel. (055 82) 918 90
Fax 91 89 19
www.nationalpark-harz.de

Nationalpark Hochharz

Hervorragend aufbereitetes Material zum Naturraum; Erlebnis- und Themenwanderungen (Mountainbike-, Packpferdtouren, Natur-Erkundungen). Entdeckerkarte zum Downloaden.
Lindenallee 35
38855 Wernigerode
Tel. (039 43) 550 20
Fax 55 02 37
www.nationalpark-hochharz.de

Harzklub

Wanderinformationen, -führer und -karten. Übernachtungen in Wanderheimen möglich. Geführte Wanderungen unterschiedlicher Schwierigkeitsgrade und Altersgruppen.
Bahnhofstr. 5a
38678 Clausthal-Zellerfeld
Tel. (053 23) 817 58
Fax 812 21, www.harzklub.de

INFO | INHALT

Stiftskirche in Quedlinburg

Reiterferien auf Gut Drebsdorf

INFO | LEGENDE

Alle Adressen und Tipps sind MERIAN-Empfehlungen. Preiskategorien Hotels: € DZ unter 50 €, €€ DZ 50-100 €, €€€ DZ 100-150 €, €€€€ DZ ab 150 €. Preiskategorien Restaurants (für ein Hauptgericht): € bis 10 €, €€ 10-15 €, €€€ ab 15 €.
Alle Angaben in dieser Ausgabe Stand April 2004.

Die Planquadrate der Adressen im Info-Magazin beziehen sich auf die große MERIAN-Karte (Seite 131-133).

Landesdaten

Einwohner: ca. 580 000
Größe: 100 km lang, 35 km breit, drei Bundesländer haben Anteil am Harz: Niedersachsen, Sachsen-Anhalt, Thüringen
Höchste Erhebungen: Brocken 1142 m, Königsberg 1034 m (neben dem Brocken), Wurmberg 971 m (bei Braunlage), Renneckenberg 930 m (bei Schierke), Bruchberg 928 m (bei Altenau), Achtermannshöhe 925 m (bei Oderbrück), Großer Winterberg 907 m (Braunlage)
Niederschlagsmenge
Brocken 1800 mm, Regenschatten am östl. Gebirgsrand. Brockengipfel liegt an mind. 300 Tagen im Jahr im Nebel, Braunlage 1250 mm, Eisleben 500 mm, Aseleben 430 mm
Gewässer: 9 Stauseen (124 Seen insgesamt)
Nationalparks: Harz und Hochharz, Größe insges. ca. 25 000 Hektar
Schmalspurbahnnetz: 132 km
Wanderwege: mehr als 8000 km
Skiloipen: mehr als 500 km
Übernachtungen Harz und Harzvorland 2002: 7 727 246
Betten 2002: 66 420
Ankünfte 2002
1 875 135, 69 531 weniger als im Vorjahr, Differenz: 5,74 Prozent
Mitten in Deutschland, Entfernungen zu Städten:
240 km von Berlin
276 km von Dresden
322 km von Essen
120 km von Hannover
158 km von Leipzig
614 km von München
277 km von Hamburg
Orte mit den meisten Übernachtungen (2002)
672 780 Braunlage
624 055 Bad Lauterberg
509 124 Altenau
439 740 Wernigerode
409 402 St. Andreasberg
306 317 Clausthal-Zellerfeld

UNTERWEGS IM HARZ

Mit dem Bus

Die einzelnen Landkreise verfügen über ein Busnetz. Für überregionale Fahrten leistet die Bahn bessere Dienste, da viele Kreise eigene Busanbieter mit eigenen Fahrplänen haben.

Mit der Bahn

Harzer Schmalspurbahnen
Im Harz selbst erklimmen die Züge der Harzer Schmalspurbahn (HSB) auch die höher gelegenen Gemeinden. Harzquer-, Selketal- und Brockenbahn vernetzen den Ostteil und steuern mehr als 20 Orte an. Für alle, die viel fahren möchten, bieten die HSB unterschiedliche Sammeltickets an.
www.hsb-wr.de
Harz Tour Card Gültig an drei aufeinander folgenden Tagen (ausgenommen Schierke und der Brocken) für 2 Erw. und 3 Kinder (6-14 Jahre). Die Tage sind frei wählbar, müssen aber auf der Karte eingetragen werden. Mit drin: Bus- und Deutsche-Bahn-Fahrten in Halberstadt, Quedlinburg und Wernigerode bzw. zwischen diesen Städten. Einzelticket 14,50 €, Familienticket 34,50 €.
Mehrtageskarte Für 3 (à 35 €), 5 (à 40 €) oder 7 (à 50 €) Tage am Stück. Kinder bis 11 Jahre zahlen die Hälfte.
Selkebahnticket Gültig auf den Strecken Gernrode-Nordhausen-Nord, Alexisbad-Harzgerode, Stiege-Hasselfelde. Inklusive Busbenutzung in Quedlinburg. 10 € pro Person für 3 Tage.
Brockencard Eine Hin- und Rückfahrt auf den Brocken plus eine beliebige Fahrt mit der Harzquer- oder Selketalbahn, gültig über sieben Tage. 24 € pro Person.
Rübelandbahn
Die 19 km lange Bahnstrecke verbindet die Orte Blankenburg und Elbingerode miteinander; an der Strecke liegen auch Hüttenrode und Rübeland. Eine einfache Fahrt dauert ca. 35 Minuten.
www.ruebelandbahn.de

Mit dem Rad

Ein ausgedehntes Radwanderwegenetz ermöglicht viele landschaftlich reizvolle Radtouren. Fahrräder können in nahezu allen Orten ausgeliehen werden. Informationen über Fahrradverleih, befahrbare Wege und geführte Radwanderungen geben die jeweiligen Touristeninformationen oder der Harzer Verkehrsverband in Goslar.
www.harzinfo.de

MERIAN-orbit
Aus 705 Kilometer Höhe besehen hebt sich das waldreiche Mittelgebirge deutlich vom Umland ab: Im Osten zeigt es größere Mosaike, die auf kollektive Landwirtschaft zurückgehen, als im Westen. Die „kahlen Stellen" im Unterharz sind durch Waldrodung entstanden und nicht wieder aufgeforstet worden. Helle „Inseln" weisen auf Stauseen hin: Grane- und Innerste-Stausee im Nordwesten, südöstlich davon Oker- und Rappbode-Talsperre. Und wer weiß, wo zu suchen ist, entdeckt sogar den Brocken.

QUARTIER NEHMEN

Jugendherbergen

14 Häuser des Deutschen Jugendherbergsverbandes liegen über die Region verteilt. Auskünfte bei den Landesverbänden Niedersachsen und Sachsen-Anhalt und beim Harzer Verkehrsverband. Eine Mitgliedskarte des DJH ist erforderlich.

Landesverband Niedersachsen
Ferdinand-Wilhelm-Fricke-Weg 1, 30169 Hannover
Tel. (05 11) 16 40 20
Fax 164 02 32
www.djh-hannover.de
Landesverband Sachsen-Anhalt
Leiterstr. 10
39104 Magdeburg
Tel. (03 91) 532 10 00
Fax 532 10 29
www.djh-sachsen-anhalt.de

Campingplätze

30 Plätze für Campingfreunde, für Zelt und Wohnmobil.
Infos: Harzer Verkehrsverband

DATEN | WETTER

Braunlage	Jan.	Feb.	März	Apr.	Mai	Juni	Juli	Aug.	Sept.	Okt.	Nov.	Dez.
Durchschn. Höchstw. in °C	0	3	5	9	14	18	19	19	16	10	4	1
Durchschn. Tiefstwert in °C	-5	-5	-2	1	5	8	11	10	8	4	0	-3
Sonnenstunden pro Tag	2	3	3	5	6	6	6	6	4	3	2	1
Regentage	15	12	14	12	11	13	11	11	12	12	15	16

Nichts für Sonnenanbeter: viel Regen, früher Schnee und immer ein paar Grad kälter als im Umland. Das Klima im Harz ist rau, aber auf Grund der Höhenstufung auch recht unterschiedlich: Alle 100 Höhenmeter wird es ein Grad kühler. Von Ilsenburg aus betrachtet, das auf etwa 250 Metern liegt, macht das bis zum Brocken neun Grad aus. Nur der Ostharz, der im Regenschatten des Gebirges liegt, zeichnet sich durch ein freundliches Klima aus – hier wachsen sogar Aprikosen.

REISEBÜCHER

Die Harzreise Heinrich Heine, Reclam Philip Jun., 2000, 2,10 €. Amüsante Beschreibung von Begegnungen mit Menschen und anderen Naturschönheiten auf des Dichters berühmter Reise in den Harz 1824.

Harz Baedeker Allianz Reiseführer Anja Schliebitz, 15,95 €. Herausnehmbare Karte; faktenreich, informativ, mit solidem Abriss zur Kulturgeschichte und den Orten.

Harz Marco Polo Reiseführer, Udo Pini, Mairs Geographischer Verlag, 2003, 7,95 €. Kurz und knapp im Pocketformat, aber alles dabei.

Der Harz Marion u. Thorsten Schmidt, Schmidt-Buch-Verlag 2003, 10,80 €. Übersichtlicher und kompetenter Reiseführer mit ausführlichen Ortsbeschreibungen. Karten und Wanderrouten.

Der Brocken – Der belagerte Berg Hansjörg Hörseljau, Hörseljau Verlag 1996, 19,80 €. Schwarz-Weiß-Fotoband über die Jahre 1989-1994, spannende Jahre für den Brocken.

Romantischer Harz Gisela Buddée, Ziethen-Panorama Verlag, 2004, 16 €. Stadtansichten, Brockenaussichten, Schlösser, Burgen & Co. auf Deutsch, Englisch und Französisch.

Der Harz. Eine Bildreise Matthias Gretzschel und George Jung, Ellert & Richter Verlag 2001, 12,90 €. Bildband mit schönen Fotos und Text. Liebevolle Beschreibungen.

WANDERFÜHRER

Harz mit Kyffhäuser Bernhard Pollmann, Bergverlag Rother 2001, 9,90 €. 50 Wanderrouten; übersichtlich: eine Tour pro Doppelseite, Pocketformat. Mini-Karte für jede Wanderung.

Harz. Wanderbuch Elke Haan, Kompass Kartenbuch 2002, 11,95 €. Einführung in die Harz-Flora; 50 Rundtouren in drei verschiedenen Schwierigkeitsgraden. Wissenswertes zu den Orten und Karte zu jeder Tour.

Wandern im Harz Dumont aktiv, Achim Schnütgen, DRW-Verlag Weinbrenner, 2004, 12 €. 35 Touren mit Zeit- und Höhenübersicht, je eine Karte pro Wanderung. Einkehr- und Besichtigungsvorschläge.

Harz Chris Bergmann, Bruckmann 2002, 11.90 €. 35 Routenvorschläge plus Reiseinfos zu sportlichen Aktivitäten. Herausnehmbare Karten.

Wasser-Wander-Wege Martin Schmidt, Pieper'sche Druckerei und Verlag, Clausthal-Zellerfeld, 14,70 €. Wissenwertes über das Oberharzer Wasserregal, zudem Wanderrouten rund um Teiche und Gräben.

SITE-SEEING

TEXT: PETER GLASER

... und harzige Grüße

Bei der Vielzahl der Ziele, Pauschalangebote und Quartiere lohnt eine virtuelle Harzreise

„Es ist hier viel Interessantes, dass ich wohl eine Zeit hier bleiben und mich unterrichten möchte", war bereits Goethe auf seiner Harzreise im Jahr 1777 angetan. Was sich daran heutzutage geändert hat, ist einzig, dass das Unterrichten inzwischen bequem per Internet begonnen werden kann – etwa mit einer Übersicht über die touristischen Angebote des Harzes, dazu Informationen zu den Landkreisen von Aschersleben bis Wernigerode unter **www.harztourist.de** und **www.harzregion.de** oder mit einem virtuellen Streifzug zwischen Bergen und Burgen, Schmalspurbahn und Tropfsteinhöhlen mit dem Online-Reiseführer Harz (**www.harzlife.de**). Einen ganzen Schwung Websites zum Harz und seiner Umgebung verbindet der Harzer Tourismus Webring unter **www.harzwebring.de**, und unter **www.harzlink.de** findet sich auch so etwas wie eine Harz-Suchmaschine mit einem Sortiment von Internet-Auftritten verschiedener Gemeinden, Firmen und Portale. Neben Unterkünften und einem Harzer Terminkalender hält das „Internet für die Region" (**www.harz.de**) auch noch kulinarische Kostproben – vom Spiegelthaler Mostbraten bis zur Dietrichstaler Wilddiebspfanne – bereit. Über den Nationalpark umfassend informieren kann man sich unter **www.nationalpark-harz.de**, wo sich neben Karten, Wegeplan und einem Einblick in die Geschichte des Parks auch Tipps für Urlaub mit Kids sowie eine umfangreiche Link-Liste studieren lassen. Der Brocken, auf jeden Fall schon mal geografisch Höhepunkt der Region, hat natürlich eigene Internet-Präsenzen, so etwa das Brockenhaus (**www.brockenmuseum.de** mit Fotogalerie und Erlebnisberichten) oder die Harzer Schmalspurbahnen (**www.hsb-wr.de**), die mit Fahrplänen und einem Live-Blick auf den Brocken-Bahnhof aufwarten. Hinfahren? Nicht nur bei der Quartiersuche behilflich sind Sites wie **www.harzinfo.de** (Urlaubstipps von A-Z, Veranstaltungshinweise), **www.harzurlaub.de** (Kultur und Ausflugsziele) oder **www.harz-direkt.de** (Hotel und Ferienwohnungen – suchen, auswählen und buchen). Wer wandern möchte, der kann den Hexenstieg in Betracht ziehen (**www.hexenstieg.de**), auf dem sich der Harz durchqueren lässt. Wer das Wunderbare lieber an einem Ort konzentriert erlebt, dem sei das Wernigeröder Schloss nahe gelegt (**www.schloss-wernigerode.de**). Und der Harz kommt sogar dem entgegen, der sich gar nicht von seinem Schreibtisch wegbewegt: Unter **www.webcams-harz.de** kann man durch 40 Webcams in die Weite blicken.

Das Brockenmuseum in der einstigen Stasi-Abhörzentrale

Moses trägt schwer in der Kirche zum Heiligen Geist in Clausthal

(H 7) Bad Frankenhausen
Panorama Museum
Auf einem Berg über Bad Frankenhausen erinnert ein 14 mal 123 Meter großes Monumentalgemälde des Leipziger Malers Werner Tübke an den Bauernkrieg von 1524-1526. Mehr als 3000 Figuren bilden das Personenensemble des Rundgemäldes, an dem Tübke zwölf Jahre arbeitete.
Am Schlachtberg 9
Tel. (03 46 71) 61 90
April-Okt. Di-So 10-18, Juli-Aug. auch Mo 13-18, Nov.-März 10-17 Uhr, Erw. 5 €, Kinder 1 €

(B 2) Bad Grund
Uhrenmuseum
Die älteste der sieben Oberharzer Bergstädte bietet neben dem Bergbaumuseum (s. S. 122) ein spannendes Uhrenmuseum, das auf 800 Quadratmetern 1500 Uhren aus aller Welt zeigt. Darunter eine Harfenuhr mit Glockenspiel oder 70 Turmuhren, von fünf Kilo bis zu einer Tonne schwer.
Elisabethstraße 14
Tel. (053 27) 10 20 und 42 96
Di-So 10-18 Uhr
Erw. 4,50 €, Kinder 3,50 €

Iberger Tropfsteinhöhle
Eine der ältesten Schauhöhlen des Harzes mit vielen Stalaktiten und Stalagmiten in einem acht Kilometer langen Höhlensystem, von dem ca. 150 Meter seit 1876 zugänglich sind. Darin wurde ein frühmittelalterliches Eisenbergwerk entdeckt.
an der Harzhochstraße B 242
Tel. (0 53 27) 82 93 91
Apr.-Okt. tgl. 9-16.30, Nov. Mi-Do 10-12.30, Fr-So 10-15 Dez.-Jan. Do u. So 10-15.30 Feb.-März Di-So 10-15.30 Uhr Erw. 3,50 €, erm. 2,50 €

(D 1/2) Bad Harzburg
Beschauliches Heilbad am Nordrand des Harzes mit sieben Heilquellen, einer Spielbank und einer Galopprennbahn, auf der alljährlich im Juli eine Rennwoche stattfindet. Interessant: die Ausstellung zu Geologie, Flora und Fauna des Harzes im „Haus der Natur" (*Di-So 10-18 Uhr*), die Reste der Harzburg, das Café Winuwuk und der Sonnenhof (s. S. 126) von Bernhard Hoetger sowie der Märchenwald (s. S. 127). Schön ist auch ein Abstecher zum 1859 künstlich geschaffenen Radauwasserfall (22 Meter Höhe) 3 Kilometer südlich von Bad Harzburg.

(D 4) Bad Lauterberg
Frühere Bergarbeiterstadt, die sich seit dem 19. Jahrhundert zum Kurort wandelte (Kneipp- und Schrothkuren). Viel Fachwerk in der Altstadt, St. Andreaskirche von 1736 mit reicher Innenausstattung und ein Besucherbergwerk (s. S. 122).

(I 3) Ballenstedt
Schloss Ballenstedt
Das barocke Residenzschloss entstand im 18. Jahrhundert als Jagdsitz der Fürsten von Anhalt-Bernburg. Zu besichtigen: repräsentativer Bereich (18. Jh.) und historischer Teil (12. Jh.), *Mai-Okt. Di-So 10-17, Nov.-April bis 16 Uhr*. Der Park wurde von 1858 an nach Plänen von Peter Joseph Lenné umgestaltet. Zu den Höhepunkten der Umgebung gehören die Stiftskirche Gernrode (s. S. 124), eine Fahrt mit der Schmalspurbahn (s. S. 48-55) durch das Selketal und mit Falkenstein eine der besterhaltenen Burgen des Harzes.

(I 4) Burg Falkenstein
Die 1120 gegründete und mehrfach umgebaute Burg thront hoch über dem Selketal. Hier entstand Anfang des 13. Jahrhunderts der „Sachsenspiegel“, das bedeutendste Rechtsbuch des deutschen Mittelalters. Das niederdeutsch abgefasste Werk von Eike von Repkow ist ein wichtiges Dokument der Sprachgeschichte.
Tel. (03 47 43) 535590
April-Okt. Di-So 10-18, Nov.-März 10-16.30 Uhr

(G 2/3) Blankenburg
Fachwerkstadt mit Schönheiten wie dem mittelalterlichen Rathaus, dem Herbergsmuseum in der Bergstraße (*Mo-Do 8-16.30, Fr -13.30 Uhr*), einem Fachwerkhaus (1684), das als Herberge für wandernde Gesellen diente, sowie dem Großen und Kleinen Schloss, Letzteres mit Museum zur Historie des Fürstentums Blankenburg *(Di-Sa 10-17 Uhr, So 14-17 Uhr, Nov.-März Mi-Sa)*. Drei Preziosen Blankenburgs liegen vor den Stadttoren:

(G 2) Burgruine Regenstein
Die Burg Regenstein entstand zwischen dem 12. und 16. Jh., wurde 1671 zur Festung ausgebaut und Mitte des 18. Jahrhunderts geschleift. Erhalten blieben Reste der mächtigen Mauern und Türme sowie in den Fels gehauene Räume und ein 200 Meter tiefer Brunnen. Im Sommer finden hier Ritterturniere statt. *tgl. 10-18 Uhr, Nov.-April Mi-So 10-16 Uhr*

(G 2) Kloster Michaelstein
Ehemaliges Zisterzienserkloster; heute Musikakademie und Museum. Erhalten sind Teile der Klausurgebäude und der Kreuzgang. Häufig Konzerte.
Di-So 10-18, Okt.-April Di-Sa 14-17, So 10-17 Uhr

(G/H 3) Teufelsmauer
Sandsteinrücken mit Aussichtspunkten wie der 319 Meter hohe Großvaterfelsen. Schönster und mit drei Kilometern längster Abschnitt von Blankenburg bis Timmenrode; weitere Ausläufer zwischen Weddersleben und Neinstedt.

Burg Falkenstein, wehrhaft und doch recht hölzern – so ist der Harz

(F/G 3) Bodetal
Die Bode bildet zwischen Treseburg und Thale das vielgestaltigste Tal im Harz (s. S. 62-70). Schöne Wanderwege auch um die Rappbodetalsperre.

(E 3) Braunlage
Wurmberg
17 Minuten braucht die Kabinenseilbahn von Braunlage, dem größten und lebendigsten Ferienort im Westharz, auf den Wurmberg, mit 971 Meter höchster Berg des Westharzes.

(E 2) Brocken
Der mit 1142 Meter höchste Berg des Harzes (s. S. 80-84 sowie Rückseite der Faltkarte).

(C 2) Clausthal-Zellerfeld
Die beiden 1924 zum Doppelort vereinten Städte (s. S. 42-43) waren schon im 16. Jahrhundert wichtige Bergstädte. Diese Tradition wird zum Beispiel im Oberharzer Bergwerksmuseum (s. S. 122) wach gehalten. Unbedingt besuchen: die Marktkirche zum Heiligen Geist, Deutschlands größte Holzkirche, und die St. Salvatoriskirche mit einem Flügelaltar von Werner Tübke.

(C/D 1) Goslar
Die alte Kaiserstadt (s. S. 38-39), deren Altstadt zusammen mit dem Bergbaumuseum Rammelsberg (s. S. 122-123) in die Liste des Weltkulturerbes der UNESCO aufgenommen wurde, wirkt wie ein großes Freilichtmuseum. Nicht missen sollte man die Kaiserpfalz, in der vom 11-13. Jahrhundert die frühen Majestäten Kost und Logis fanden (s. S. 56-61);

MERIAN | TIPP

(G 3) Bergtheater Thale
In nur vier Monaten entstand 1903 das Bergtheater auf dem Hexentanzplatz über der Stadt Thale. 85 000 Besucher zählt die nach dem Vorbild eines Amphitheaters angelegte Naturbühne jährlich, mit 1300 Plätzen ist sie eine der größten Deutschlands. Tägliche Vorstellungen von Mai-Sept., mit der Schwebebahn zu erreichen.
Hexentanzplatz, Thale
Tel. (039 47) 23 24
www.harzer-bergtheater.de

Immer langsam

Das längste Musikstück aller Zeiten, das Orgelwerk „As slow as possible“ des Komponisten John Cage (1912-1992), wurde in der Burchardikirche in Halberstadt auf 639 Jahre angelegt. Die Uraufführung des Orgelwerks begann am 5. September 2001 mit dem Einschalten des Orgelmotors, dann folgte eine lange Pause. Der erste Ton erklang am 5. Februar 2003, ein E-Dur-Akkord. Das Werk soll zur Auseinandersetzung mit Zeit und Raum anregen. Auch die Kirche ist sehenswert.

JUGENDSTIL

Der Zauberberg

In Braunlage schuf Albin Müller ein Sanatorium als Gesamtkunstwerk des Art Nouveau

Wer „Zauberberg"-Atmosphäre erleben will, muss Thomas Manns Roman lesen oder nach Braunlage fahren. Im Park des Sanatoriums Dr. Barner genießen Gäste eingepackt in Wolldecken die frische Harzluft, lassen Körper und Seele entspannen. Ein Vorbeischauen empfiehlt sich jedoch noch aus anderem Grund: Die Gebäude des Sanatoriums zählen zu den bedeutendsten Jugendstilkreationen in Deutschland. Kein Geringerer als Albin Müller, Architekt der Mathildenhöhe in Darmstadt, hat mit dem Sanatorium ein einzigartiges Ensemble hinterlassen, ein Grandhotel für mäßig Kranke mit Geld und Zeit. Und auf wundersame Art und Weise ist dieses Gesamtkunstwerk des Art Nouveau mit Bibliothek, Musiksaal unter dickem Deckenstuck und 71 Zimmern wohlbehalten in unsere Tage gekommen. Zunächst kam Müller selbst als Patient; aus seinem Arzt, dem Sanatoriumsgründer Friedrich Barner, wurde jedoch bald ein guter Freund und wichtiger Auftraggeber: Von 1905 bis 1914 lagen Umbau und Erweiterung des Sanatoriums, Parkbauten wie die „Lufthütte" und auch die Zimmergestaltung in Müllers Händen. Stuhl, Kanapee und andere Interieurs wie Türgriff, Essbesteck oder Porzellan, selbst Linoleum-Ornament und Feuerlöscher entstanden nach Müllers Entwürfen. In Eingangshalle, Treppenhaus und Sälen zeigt sich die Noblesse des Jugendstils. Genau darin liegt aber die Crux: Trotz allem Stil ist die Jugend doch in die Jahre gekommen. Obgleich der Gast des 21. Jahrhunderts zwischen modernem Schlafgemach oder Albin-Müller-Zimmer wählen kann, bleiben die Kurpatienten aus. Als die Krankenkassen mit ins Boot kamen, fiel die Reputation; seit Kuren fernöstliche Namen tragen oder Wellness heißen, fahren die Betuchteren zur Auszeit woanders hin. Und dennoch: Barners Name steht für Luxus mit gesundheitlicher Rundum-Betreuung. Mit Massagen, Bädern und Kammerkonzerten, Tai-Chi oder Psychotherapie ist der Ansatz auch hier ganzheitlich. Der Park ist groß wie drei Fußballfelder und geht nahtlos in den Nationalpark Harz über. Auf Wunsch werden Kurgäste vom kostenlosen Haus-zu-Haus-Service abgeholt und wieder zurückgebracht – und zwar deutschlandweit. Nur zur Besichtigung muss man selbst anreisen.

Thomas Gebhardt

Das Sanatorium als Luxushotel für die Auszeit

Aufenthaltsräume für Kurgäste einmal anders

(E 3) **Sanatorium Dr. Barner,** Dr.-Barner-Straße 1
38700 Braunlage, Tel. (055 20) 80 40, *Führungen Sa 15 Uhr*

Glücklich sind Orte, die solche Ruinen besitzen – auch Walkenried

(C 2) Hahnenklee-Bockswiese

Das Wahrzeichen des Wintersportorts, die nach dem schwedischen König benannte Gustav-Adolf-Kirche, stammt von 1907/08 und ist Deutschlands einzige Stabkirche.
Auf dem Waldfriedhof liegt Paul Lincke, u. a. Komponist des Gassenhausers „Berliner Luft", begraben. Ihm zu Ehren wird alle zwei Jahre der Paul-Lincke-Ring an einen Vertreter der heiteren Muse vergeben. Auch Udo Lindenberg ist Preisträger.

(G/H 1) Halberstadt

Obgleich drei Viertel der Stadt bei einem Bombenangriff im April 1945 zerstört wurden, gehört Halberstadt zu den kulturellen Höhepunkten einer Harzreise: 804 wird der Ort Bischofssitz; 1239-1491 wurde der Stephansdom als dritter Dombau errichtet – schwerbeschädigt überstand er den Krieg und gilt als eine der bedeutendsten gotischen Kathedralen Deutschlands mit unzähligen Schätzen, darunter eine Kreuzigungsgruppe aus dem ottonischen Vorgängerbau und frühe Textilien wie der Karlsteppich (um 1230). Zwei interessante Museen sind: den Marktplatz mit Rathaus, Kämmerergebäude (*Glockenspiel mit Figurenumlauf 9, 12, 15 und 18 Uhr*) und Kaiserworth; das Mönchehaus-Museum für Moderne Kunst (s. S. 74-79); das Stadtmuseum (*April-Okt. Di-So 10-17, im Winter bis 16 Uhr*) und die Neuwerkkirche (Ende 12. Jh.) mit Wandmalereien aus dem 13. Jahrhundert.

Berend Lehmann Museum

Anschauliche Aufarbeitung der jüdischen Geschichte Halberstadts (noch Anfang des 19. Jahrhunderts gab es im Ort die größte jüdisch-orthodoxe Gemeinde Preußens). Im Keller des Museums eine Mikwe, ein jüdisches Ritualbad.
Judenstraße 25/26
Tel. (039 41) 56 70 50
Nov.-April Di-Fr 9-16, Sa/So 10-16, Mai-Okt. jeweils bis17 Uhr

Gleimhaus

Der Dichter und Mäzen Johann Wilhelm Ludwig Gleim (1719-1803) ließ von seinen Freunden, darunter Lessing, Herder und Jean Paul, Porträts malen. Wenn er Briefe an sie schrieb, setzte er sich vors Angesicht des Adressaten. Das Literaturmuseum zeigt die Briefe, die Porträts und die Bibliothek.
Domplatz 31
Sa/So 10-16 Uhr; Mai-Okt. Di-Fr 9-17, Nov.-April Di-Fr 9-16

(H 4) Harzgerode

Beschauliche Kleinstadt mit vielen Fachwerkhäusern und Renaissanceschloss. Von Harzgerode Fahrten mit der Schmalspurbahn (s. S. 48-55) ins Selketal, nach Alexisbad und Mägdesprung; Wanderweg zur Burg Falkenstein (s. S. 119).

(C 4) Herzberg
Schloss Herzberg

Schloss im Fachwerkstil mit Ausstellung zur Schloss- und Herrschaftsgeschichte der Welfen sowie zur Wirtschaftsgeschichte der Stadt Herzberg.
Tel. (055 21) 47 99
Apr.-Okt. Di-So 10-13, 14-17, Nov.-März Di-So 11-13, 14-16 Uhr

(H 7) Kyffhäuser
Im Kyffhäuser soll Kaiser Friedrich Barbarossa schlafend am steinernen Tisch sitzen und nach seiner Wiederkehr den Deutschen alte Kaiserherrlichkeit bescheren. Ursprünglich bezog sich die Sage auf Friedrich II., der aber durch seinen Großvater verdrängt wurde. Seit 1896 steht auf dem Kyffhäuser das gleichnamige Denkmal, das Wilhelm I. in eine Linie mit den Altvorderen stellt. In der Pfalz Tilleda, unterhalb des Burgbergs, hielt sich 1174 Barbarossa auf (s. S. 56-61).
tgl. April-Okt. 9.30-18 Uhr
Nov.-März 10-17

(D 1/2) Okertal
Der reizvollste Abschnitt des Flusses liegt zwischen der 1956 fertig gestellten Okertalsperre, dem Romkerhaller Wasserfall und dem Ort Oker.

(H 2/3) Quedlinburg
Die Altstadt mit mehr als 1200 Fachwerkhäusern, Stiftskirche, Domschatz und Schloss gleicht einem Gesamtkunstwerk und ist seit 1994 Weltkulturerbe (s. S. 40-41). Auch nicht verpassen sollte man das Fachwerkmuseum im Ständerbau, das über die Vielfalt der Baukunst informiert (Wordgasse 2/3, *April-Okt. Fr-Mi 10-17, Nov.-März bis 16 Uhr*), und die Lyonel Feininger Galerie mit Bildern des Bauhaus-Künstlers (Finkenherd 5a, *Di-So 10-18, Nov.-März bis 17 Uhr*).

Darin steckt immer ein kluger Kopf – Porträts im Gleimhaus von Halberstadt

(F 3) Rübeland
Die Baumannshöhle bekam ihren Namen nach dem Bergknappen Friedrich Baumann, der sich auf der Suche nach Erz 1536 in die Höhle verirrte. Mehr als 300 Jahre gingen noch ins Land, bis die Hermannshöhle entdeckt wurde. Beide sind heute die bedeutendsten deutschen Tropfsteinhöhlen, sie entstanden durch Verkarstung des Kalksteins (Führungen dauern ca. 1 Stunde; bisweilen Theateraufführungen im „Goethesaal" in der Baumannshöhle – warm anziehen!).
Tel. (03 94 54) 492 08/491 10
Juli-Aug. 9-17, Nov.-Jan. 9-15.30
Feb.-Juni, Sep. u. Okt. 9-16.30 Uhr

(I 6) Sangerhausen
Die alte Bergstadt am Südharz ist ein Paradies für Rosenzüchter: 1903 wurde in Sangerhausen eines der bedeutendsten Rosarien Europas eingerichtet. Im Rosarium Sangerhausen werden auf 12,5 Hektar Fläche ca. 7000 Rosenarten gezeigt. *April-Okt. 8-19 Uhr*

(E 3) Schierke
Kurort, letzte Station der Brockenbahn vor der Deutschen liebstem Berg und Zentrum der Brockenwanderer. Bezaubernde Lage im Tal der Kalten Bode, umgeben von dichten Wäldern und nahen Felsen wie den Schnarcherklippen oder Feuersteinklippen.

Eine von 7000 Rosenarten im großen Rosarium von Sangerhausen

(G 5) Stolberg
Die kleine Fachwerkstadt ist das Rothenburg des Harzes (s. S. 44). Auf dem Marktplatz erinnert ein Thomas-Müntzer-Denkmal an den Sohn der Stadt. Einen Abstecher wert sind das Josephskreuz mit Aussichtsplattform, ein 38 Meter hohes, 123 Tonnen schweres Doppelkreuz, das 1896 nach Plänen von Karl Friedrich Schinkel auf dem Großen Auerberg errichtet wurde, und die Heimkehle bei Uftrungen, Deutschlands größte Gipssteinhöhle. (*tgl. 10-17, Nov.-April bis 16 Uhr*).

(E 5) Walkenried
Kloster Walkenried
Eines der ersten Zisterzienserklöster Deutschlands. Gewaltige Mauerreste der Klosterkirche geben einen Eindruck von der einstigen Größe des Bauwerks, das 1137 geweiht, 1525 geplündert wurde und später als Steinbruch diente.
Tel. (055 25) 13 54, *stdl. Führungen: im Sommer So 12-18, Mo-Sa 10-12, 14-17, im Winter Sa u. So 14 u. 15 Uhr*

(F 2) Wernigerode
„Bunte Stadt am Harz" nannte Hermann Löns 1907 den Ort am Nordrand des Gebirges, längst hat Wernigerodes Fachwerk die Farbenpracht wiedergewonnen (s. S. 34-37, 48-55). Highlights für Besucher sind das Schloss (s. S. 92-94) und das berühmte mittelalterliche Rathaus mit prächtigem Fassadenschmuck.

MONTANWESEN

Harzer Fundgruben

Nach 1000 Jahren versiegte der Erz-Segen, doch Spuren des Bergbaus finden sich überall

Die Geschichte des Harzes ist auch eine Geschichte des Bergbaus. Mehr als 1000 Jahre haben die Berg- und Hüttenleute die Geschicke des Gebirges bestimmt. Erze aus dem Harz waren die Schatzkammer deutscher Kaiser, mit ihnen konnten Kriege geführt und Siege gefeiert werden. 968 wurden in den Rammelsberg bei Goslar erste Stollen getrieben. Von dort ausgehend erschlossen Bergmänner nicht nur die Erzgänge, sondern den gesamten Harz. Siedlungen wurden gegründet, Gruben und Hütten sowieso. In rascher Folge entstanden im Oberharz die Orte Grund und Zellerfeld, Wildemann, Clausthal und Altenau, Lautenthal und St. Andreasberg. Im 16. Jahrhundert wurden sie zu freien Bergstädten erhoben, mit Privilegien wie der Bergbaufreiheit ausgestattet, um erfahrene Bergknappen aus anderen Landstrichen in den Harz zu locken. War man den angewitterten Erzen anfangs noch entlang der Bäche und in kleinen Schächten mit Schlägel und Eisen zu Leibe gerückt, so mussten beim Abbau härterer Erze und der Förderung aus immer größeren Tiefen andere Methoden angewendet werden. Die Fahrkunst zum Beispiel, 1833 in Clausthal erfunden, war Neuerung und technische Meisterleistung zugleich: Mit 810 Meter Tiefe war die Grube Samson seinerzeit die tiefste der Welt. Für die Einfahrt (Abstieg) über Leitern benötigte ein Bergmann 90 Minuten, für die Ausfahrt nach langer Schicht ganze zweieinhalb Stunden. Bei der Fahrkunst wurden zwei nebeneinander liegende Gestänge mit daran befestigten Trittstegen gegenläufig bewegt. Nach jedem Halt änderte sich die Bewegungsrichtung; die Bergleute nutzten die kurzen Stopps, um „umzusteigen" und schneller rein- und rauszukommen. Not macht erfinderisch: Ketten von 200 Lachtern Länge (384,76 Meter) hätten ein Eigengewicht von 40 Zentnern gehabt und wären gerissen, deswegen drehte ein Clausthaler Bergrat Drähte zu Litzen und erfand 1834 das Drahtseil, mit dem man jede noch so tiefe Grubensohle erreichte.

Vom Roherz zur Silbermünze: Andreastaler aus St. Andreasberg

Der Bergsegen ist erloschen: 1988 schloss der Rammelsberg und 1992 mit der Grube „Hilfe Gottes" das letzte Erzbergwerk des Harzes. Spuren hat das Montanwesen jedoch viele hinterlassen: spannende Schaubergwerke und Bergbaumuseen. Nicht zuletzt hat die Suche nach Silber, Kupfer und Eisenerz die Harz-Landschaft verändert: Teiche und Grabensysteme entstanden, um Wasser zurückzuhalten, das Wasserräder und damit Bergbaumaschinen antrieb. Die Buchenwälder verschwanden, weil Gruben Holz brauchten und Hütten Holzkohle. Die Flächen wurden mit Fichten bepflanzt. Um Teiche und durch Wälder führen heute Wanderwege. Spuren gibt es allerorten.

Wasserrad im Bergwerk Rammelsberg in Goslar

BERGWERKSMUSEEN, SCHAUBERGWERKE

(B 2) Bad Grund
Bergbaumuseum Schacht Knesebeck
1992 stillgelegtes Erzbergwerk; bergmännische Technik, historische Fördermaschine von 1923, Grubenloks, Hydrokompressorenturm von 1912 (zum Erzeugen von Druckluft), untertägige Führungen.
Knesebeck 1, Tel. (053 27) 28 26
Apr.-Okt., Führungen Di-So 11 u. 14 Uhr; Nov.-März, Führungen: Do u. So 11 u. 14 Uhr; in den Ferien öfter, Erw. 4 €, Kinder 2 €

(D 4) Bad Lauterberg
Museumsbergwerk Scholmzeche
Stollenbesichtigung. Kupfer- und Eisenbergbau vom 17.-20. Jahrhundert. Interessant: bis zu 4 Meter hoher, in Handarbeit vorangetriebener Wasserlösungsstollen und hölzernes Gerenne, um Wasser abzuleiten.
Am Kurpark, Tel. (055 24) 920 40
Fr u. Sa 15 Uhr; Apr.-Okt. zusätzlich Di 15, in den Ferien auch So 15 Uhr, Erw. 3 €, Kinder 1 €

(C 2) Clausthal-Zellerfeld
Oberharzer Bergwerksmuseum
1892 gegründet, wertvollste und größte Sammlung zur Technik- und Kulturgeschichte im Oberharz. Spannende Aufbereitung der Harzer Bergbaugeschichte, originale Bergwerksanlagen auf dem Freigelände.
Bornhardt Straße 16
Tel. (053 23) 989 50
tgl. von 9-17 Uhr; Sa, So 11 u. 14.30 Uhr Fahrten zum Ottiliae-Schacht; Erw. 4 €, Kinder 2 €

(F 3) Elbingerode
Schaubergwerk Büchenberg
Eisenerzabbau im 20. Jahrhundert, untertägige Antriebsmaschine einer kilometerlangen Seilbahn, Vorführung von druckluftgetriebenen Maschinen.
nördlich von Elbingerode an der B 244
Tel. (03 94 54) 422 00
tgl. 10, 11.30, 13, 14.30 u. 16 Uhr Erw. 5 €, Kinder 3 €

Besucherbergwerk Drei Kronen und Ehrt
Brauneisenerzabbau im 19. Jahrhundert, Schwefelkiesabbau bis 1990, Bergbau live bei der Vorführung von schwerem Bergwerksgerät unter Tage.
östlich von Elbingerode an der B 27
Mühlental 13
Tel. (03 94 54) 429 10
Mai-Okt. 9-17 Uhr; Führungen 9, 11, 13, 15, 16 Uhr, Nov.-April 10-16.30 Uhr; Führungen 10, 11, 13, 15 Uhr; Erw. 8 €, Kinder 4 €

(L 4) Hettstedt
Mansfeld-Museum
Museum für Kupferschieferbergbau, Hüttentechnik und Metallurgie; im Freigelände Großgeräte aus Gruben, Hütten und Walzwerken.
Schlossstraße 7
Telefon: (034 76) 20 07 53
Mi-Fr 10-16 Uhr, Sa u. So 10-17 Uhr, Erw. 3 €, Kinder 1 €

(F 5) Ilfeld
Steinkohlen-Besucherbergwerk Rabensteiner Stollen
300-jährige Geschichte des Harzer Steinkohleabbaus; Grubenfahrten in den Stollen,

Freigelände mit Grubenloks, Halden für Fossiliensammler.
Netzkater 8
Tel. (03 63 31) 481 53
Di-So 10-17 Uhr, Nov.-März 10-16 Uhr; Erw. 5 €, Kinder 2,80 €. Führungen von 1-4 Stunden Dauer möglich

Kupferschiefer-Besucherbergwerk Lange Wand
Einblicke in die Geologie und Abbautechnik der Kupferschiefer-Gewinnung im Südharz.
Uferstraße
Tel. (03 63 31) 509 07
Besichtigung und Führung bei Anmeldung; Eintritt mit traditionellem Bergmannsessen im Stollen, Erw. 12,50 €, Kinder 6,50 €

(E 2) Ilsenburg
Fürst Stolberg Hütte
Erzverarbeitung und Eisengießerei in Ilsenburg von 1530 bis zur Gegenwart; Sammlung von Maschinen- und Kunstguss, Modelle von Schmelzhütten und Schmieden.
Schmiedestraße 17
Tel. (03 94 52) 24 94
Mo-Fr 8-16 Uhr; Schaugießen 10 u. 14 Uhr, Erw. 3,50 € Kinder 2,50 €

(C 2) Lautenthal
Bergbaumuseum Lautenthals Glück
Silber-Blei-Zinkbergbau und Verhüttung; Erzschifffahrt unter Tage, Gaipel (Gebäude über dem Schacht), Bergmaschinen.
Wildemanner Straße 11-21
Tel. (053 25) 44 90
im Sommer 10-17, sonst 10-16 Uhr, Erw. 8,50 €, Kinder 5 €

Gräben verbinden die Teiche des Oberharzer Wasserregals

(D 3) St. Andreasberg
Besucherbergwerk Grube Samson
Historisches Silbererzbergwerk, weltweit einzige noch betriebsfähige Fahrkunst (Gestänge zur Ein- und Ausfahrt), zwei Wasserräder, spannendes Bergbaumuseum mit Harzer Roller-Museum (siehe S. 101)
Am Samson 2
Tel. (055 82) 12 49
tgl. Führungen 11 u. 14.30 Uhr; Sonderführungen nach Anmeldung in der Zeit von 8.30-16.30 Uhr. Erw. 4,50 €, Kinder 2,50 €

Die Grube Samson in der alten Bergstadt St. Andreasberg

Besucherbergwerk Grube Catharina-Neufang
Älteste Andreasberger Grube, in der Bergbau an der Schwelle zur Neuzeit zu bestaunen ist.
Tel. (055 82) 12 49
Führungen Mo-Sa 13.45 Uhr; Sonderführungen auf Anmeldung; Erw. 2,25 €, Kinder 1,50 €

Lehrbergwerk Grube Roter Bär
Bergbau live: Bergwerk ohne Beleuchtung; Grubenlampe am Helm, alte Kleidung ratsam; Vereinsmitglieder bei der Arbeit.
Im Bärener Tal
Tel. (055 82) 15 37
www.lehrbergwerk.de
Apr.-Okt., Sa 14 Uhr; Sonderführungen auf Anmeldung

(G 4) Straßberg
Bergwerksmuseum Grube Glasebach
Museum des Harzer Flussspatbergbaus; untertägige Führung, zwei Sohlen; Radstube u. Kunstrad, Vitriolbildungen (Sulfate).
Glasebacher Weg
Tel. (03 94 89) 226/201
Mai-Okt. Di-Fr 10-16, Sa u.So 10-17.30 Uhr, Erw. 4,50 € Kinder 2,50 €

(G 3) Thale
Hüttenmuseum Thale
Von der Blechhütte zum Hüttenwerk, von 1686-1986. Museum zur Geschichte der Eisenverhüttung und Eisenverarbeitung.
Walter-Rathenau-Straße 1
Tel. (039 47) 722 56
Mai-Okt. Di-Fr 9-17, Sa/So 10-18 Uhr, Erw. 1,50 €, Kinder 0,50 €

(I 6) Wettelrode
Schaubergwerk Röhrigschacht
800 Jahre Kupferschieferabbau: mit Seilfahrtsanlage von 1922 auf 300 Meter Tiefe einfahren. Ausstellung zum Abbau.
Tel. (034 64) 58 78 16
Mi-So 9.30-17 Uhr, Erw. 10 €, Kinder 5 €

(B/C 2) Wildemann
Besucherbergwerk 19-Lachter-Stollen mit Grube Ernst August
Bedeutender Wasserlösungsstollen von 1690, untertägiger Gang zur Schachtanlage „Ernst August" (500 Meter), Kehrrad-, ehem. Kunstradstube.
Tel. (053 23) 6111 u. 6628
Mai-Okt., 11, 14, 15.30; Nov.-24. Dez. u. 7.-31. Jan. 11 Uhr, 25. Dez.-6. Jan. u. Feb.-Apr. 11 u. 14 Uhr. Erw. 4 €, Erm. 2 €

TEICHE UND GRÄBEN

Freilichtmuseum Oberharzer Wasserregal
Ein in seiner Größe und Art einzigartiges Kulturdenkmal sind die Anlagen des Oberharzer Wasserregals in der Umgebung der Bergstädte um Clausthal-Zellerfeld: 65 Teiche und mehr als 70 Kilometer Gräben sind das größte montanhistorische Bewässerungssystem der Welt. Seit dem Spätmittelalter diente es dazu, Regenwasser zu sammeln und auf die zahllosen Wasserräder zu leiten, die als Wasserkraftwerke ober- wie auch unterirdisch die Maschinen der Bergleute antrieben. Mit Erfindung der Dampfkraft ging die Bedeutung der Wasserkraft zurück, aber das Oberharzer Wasserregal blieb als Freiluftmuseum erhalten, über kurz oder lang wird es Weltkulturerbe der Unesco werden. Um Teiche und an den Gräben entlang führen zauberhafte Wanderwege. Routen und Hintergründe beschreibt der Wanderführer **WasserWanderWege. Ein Führer durch das Freilichtmuseum Kulturdenkmal Oberharzer Wasserregal, Martin Schmidt, Piepersche Druckerei und Verlag 2000**

Wolfgang Knape

MERIAN | TIPP

Rammelsberg
Das mit seiner 1000-jährigen Bergbauhistorie älteste deutsche Erzbergwerk wurde 1988 stillgelegt und vier Jahre später zum Weltkulturerbe erklärt. Heute ist es unter wie auch über Tage eines der imposantesten Museen der Technikgeschichte in Deutschland: Geologie, Lagerstättenkunde, Bergbautechnik vom Frühmittelalter bis in die Gegenwart. Einen Tag einplanen!
(C 1) Goslar, Bergtal 19
Tel.(053 21) 75 00
Mo-So 9-18 Uhr
Erw. 10 €, Kinder 6 €

Nationalparks

Seit mehr als 1000 Jahren wird der Harz wirtschaftlich genutzt. Bergbau, Holzwirtschaft und Köhlerei führten zu einer fast vollständigen Rodung des Waldbestandes und zur wiederholten Aufforstung. Ende des 19. Jahrhunderts forderte das Preußische Abgeordnetenhaus erstmals die Einrichtung von Nationalparks. Doch erst hundert Jahre später war es so weit: Im Oktober 1990 entstand der Nationalpark Hochharz; vier Jahre später wurde der Nationalpark Harz gegründet. Zusammen haben beide eine Fläche von knapp 25 000 Hektar, zehn Prozent des Harzes. Ranger, Nationalparkwächter, durchstreifen die Parks, um dafür zu sorgen, dass die Verhaltensregeln eingehalten werden: Nicht rauchen, zelten oder Abfall hinterlassen, keine Blumen pflücken, nur beschilderte Wege benutzen und Tiere nicht verschrecken.

MERIAN | TIPP

Stiftskirche St. Cyriakus Gernrode
Manch Gottesdienstbesucher mag es als Nachteil sehen, aber für den Erhalt der Stiftskirche St. Cyriakus ist es von unschätzbarem Wert, dass sie nie beheizt werden konnte. So blieben die Fresken aus dem 13. Jahrhundert in der Ostapsis erhalten, wurden 1864 wieder entdeckt und als Wandmalereien neu gestaltet. Die dreischiffige Basilika, zwischen 959 und 1014 erbaut, war im Frühmittelalter Teil eines vornehmen Damenstifts, das jedoch an Bedeutung verlor. Seit 1533 dient sie als evangelische Pfarrkirche. Mitte des 19. und im 20. Jahrhundert erfolgten grundlegende Restaurierungen, sodass die Stiftskirche heute zu den besterhaltenen romanischen Sakralbauten aus ottonischer Zeit zählt: Die Ostkrypta gehört zu den ältesten Hallenkrypten nördlich der Alpen. Das Heilige Grab, das im 11. Jahrhundert ins südliche Seitenschiff eingefügt wurde, ist die für Deutschland älteste Nachbildung des Heiligen Grabes in Jerusalem, es ist mit Stuckornamenten und -figuren reich verziert. Restaurator Ferdinand von Quast verband bei der Kirchenrestaurierung Mitte des 19. Jahrhunderts die Formen der Romanik mit dem Glanz der byzantinischen Kunst, zum Beispiel bei der Ausmalung der Apsis.
Stadtinformation Gernrode, Tel./Fax (03 94 85) 354
www.gernrode.de
Apr.-Okt. Mo-Sa 9-17, So 12-17 Uhr, Führungen tgl. 15 Uhr und auf Anfrage, Nov.-März tgl. Führg. 15 Uhr und So zum Gottesdienst

NORDROUTE

Magdeburg
Dom
Baubeginn war 1209; aber erst drei Jahrhunderte später wurde der Dom fertig gestellt und damit zur ersten gotischen Kathedrale Deutschlands. Viele ihrer Schätze sind aber romanischen Ursprungs, so zählen die Kapitelle im Chor zu den schönsten Schöpfungen spätromanischer Bildhauerkunst.
Mai-Sep. Mo-Sa 10-18, So 11.30-18 Uhr, Okt.-Apr. Mo-Sa 10-16, So 11.30-16 Uhr

Kloster Unser Lieben Frauen
Von 1064 bis 1230 errichtete Klosterkirche, die zusammen mit dem Kreuzgang des einstigen Prämonstratenserklosters zu den besterhaltenen romanischen Bauwerken in Deutschland gehört. Im Inneren das Kunstmuseum Magdeburgs.
Regierungsstr. 4-6
Tel. (03 91) 56 50 20
Di-So 10-17 Uhr

Groß Ammensleben
Benediktinerkloster St. Peter und Paul
Kloster aus dem 12. Jahrhundert; in der 1135 geweihten Klosterkirche wurden bei Restaurierungsarbeiten romanische Fußbodenfliesen und Pfeilerornamente freigelegt.
Tel. (03 92 02) 63 12
Besichtigung nach Anmeldung

Diesdorf
Klosterkirche St. Maria und Crucis
Stattliches Beispiel norddeutscher Backstein-Romanik: Im Inneren der ältesten gewölbten, rein romanischen Kirche der Altmark – Klostergründung 1161 – kontrastieren weiße Wände mit Backstein-Rot, wechseln Pfeiler und Zwischenpfeiler.
Tel. (039 02) 327 oder 93 96 40
Führungen auf Anfrage

Burg Saaleck und Rudelsburg wachen bei Bad Kösen über das Saaletal

Salzwedel
Pfarrkirche St. Lorenz
Querschiffige Backsteinbasilika aus dem 13. Jahrhundert mit wechselvoller Geschichte: Von 1692 an wurde die Kirche zweckentfremdet und in ein kurfürstliches Salzlager umgewandelt, jedoch seit Mitte des 19. Jahrhunderts vor weiterem Verfall bewahrt und restauriert.
Tel. (039 01) 42 33 57, *Mai-Okt. Mo-Sa 10-11, 14-15 Uhr, Nov.-Apr. 14-15 Uhr, So auf Anfrage*

Arendsee
Benediktinerinnenkloster St. Marien
Die kreuzförmige Basilika über dem Seeufer ist eine der frühesten gewölbten Backsteinkirchen der Region. Schlichte Schönheit außen, innen prachtvolle Altarschnitzereien und ein hölzernes Kruzifix. Erhalten sind außerdem das Klosterhospital und Reste der Klausur.
Tel. (03 93 84) 22 26 u. 24 79
Mai-Okt. Di-So 13-17 Uhr Mo geschl., Führungen ganzjährig nach Anmeldung

Havelberg
Dom St. Marien
Der mächtige Dom beherrscht das Stadtbild seit fast 700 Jahren. Nach einem Brand wurde der romanische Bau im gotischen Stil umgebaut. Äußerlich schlicht, besticht er mit reicher Innenausstattung; darunter wertvolle Buntglasfenster und ein Lettner mit Passionsrelief.
Tel. (03 93 87) 893 80, *Apr u. Okt. Mo-Fr 10-17, Sa/So 10-18 Uhr, Mai-Sep. tgl. 10-18 Uhr Nov.-März tgl. 10-16 Uhr*

Jerichow
Prämonstratenser-Klosterkirche
Schlicht und doch meisterlich bis ins Detail: Die im 12. Jahrhundert gebaute Kirche des Prämonstratenserstifts ist ein Hauptwerk der romanischen Backsteinarchitektur östlich der Elbe (mit Klostermuseum).
Tel. (03 93 43) 285 *Apr.-Okt. 10-17, Nov.-März 10-16 Uhr*

Elfenbein-Schnitzereien aus dem Quedlinburger Domschatz

SÜDROUTE

Kloster Gröningen
Klosterkirche St. Vitus
Der Vierungsturm der Klosterkirche ist in dieser Größe selten. Von außen ansonsten schlicht, aber innen umso reicher ausgestattet: bunte Malereien an Decke und Wänden.
Tel. (03 94 03) 46 47 *Apr.-Nov. Mo, Mi, Do 9-12, 13-16, Fr, Sa 14-17 Uhr, sonst nach Absprache*

Hamersleben
Stiftskirche St. Pankratius
Die um 1140 gebaute dreischiffige Kirche zählt zu den herausragendsten hochromanischen Basiliken Deutschlands. Besonders eindrucksvoll: die Tier- und Pflanzendarstellungen an den Kapitellen.
Tel. (03 94 01) 483 *Sommer Mo-Sa 9-18, So 12-18 Uhr, im Winter nur bis zur Dämmerung*

Ilsenburg
Benediktinerkloster St. Peter und Paul
Vom Kloster sind nur Reste und die Klosterkirche erhalten: im 11. Jh. mit wehrhaftem Feldsteinturm gebaut, seinerzeit einer der bedeutendsten Sakralbauten; interessante Reste eines Gipsstrichfußbodens mit farbigen Ritzzeichnungen.
Tel. (03 94 52) 194 33
Mai-Okt. tgl. 10-16, Nov.-Apr. Mo-Fr 13-14, Sa/So 11-12 Uhr

Bad Kösen
Burg Saaleck, Rudelsburg
Frühmittelalterlicher Festungsbau: Die beiden Burgen erheben sich hoch über einer Verengung des Saaletals.
Saaleck Tel. (03 44 63) 277 49
Ostern-Okt. tgl. 10-17 Uhr
Rudelsburg Tel. 273 25
Jan.-März tgl. 10-17 Uhr, Mo geschl., Apr.-Dez. tgl. 10-18 Uhr

Naumburg
Dom St. Peter und Paul
Der Naumburger Dom ist einer der berühmtesten Sakralbauten Deutschlands mit Krypta, zwei Chören, zwei Lettnern und vier Türmen. Besonders kunstvoll: die Bildhauerarbeiten, darunter die Stifterfiguren von Markgraf Ekkehard und dessen Frau Uta.
Tel. (034 45) 23 01 10
Apr.-Sep. Mo-Sa 9-18, So 12-18 Uhr, März/Okt. Mo-Sa 9-17, So 12-17 Uhr, Nov.-Feb. Mo-Sa 9-16, So 12-16 Uhr

Der Dom von Havelberg macht dem Namen Gottesburg alle Ehre

Quedlinburg
Stiftskirche St. Servatius
Die Stiftskirche wurde 1129 geweiht und ist eine der bedeutendsten der Romanik. Der Domschatz birgt über 50 kostbare Kleinode (s. S. 40-41).
Tel. (039 46) 70 99 00
Di-Sa 10-18, So u. Fei. 12-18 Führungen 11, 13, 15 Uhr So u. Fei. 13 u. 15 Uhr

Basilika St. Wiperti
Die Kirche entstand im 11./12. Jh. aus Teilen des ottonischen Königshofes.
Tel. (039 46) 91 50 82, *Mai-Okt. Mo-Sa 10-17, So 12-17 Uhr, Nov.-Apr. nach Vereinbarung*

Burg Falkenstein
(siehe Ballenstedt Seite 119)

Merseburg
Dom St. Johannes und Laurentius
Die Kirche wurde 1021 geweiht; aus dieser Zeit stammt auch die frühromanische Hallenkrypta. In der Dombibliothek Handschriften wie die „Merseburger Zaubersprüche".
Tel. (034 61) 21 00 45 *Geöffnet in Kernzeiten Mo-Sa 9-16 So 12-16 Uhr, jahreszeitl. länger*

Hecklingen
Klosterkirche St. Georg und Pancratius
Besonders gut erhaltene, um 1150 erbaute Kirche; 14 mittelalterliche Stuckengel aus der Zeit von 1225 bis 1230.
Tel. (039 25) 28 42 77 *Mo-Fr 10-13 Uhr, Sa, So 14-16 Uhr*

DIE ROUTEN

Von Nord nach Süd

Romanische Baukunst zwischen Harz und Elbe

Die „Straße der Romanik" gehört zu den interessantesten Tourismusrouten Deutschlands. Sie führt zwar nur zu Teilen durch den Harz, stellt aber Höhepunkte der Region wie die Stiftskirche in Quedlinburg oder die Burg Falkenstein in ihren architekturhistorischen Zusammenhang: 72 romanische Bauwerke bewahren an 60 Stationen die Geheimnisse von 1000 Jahren: Die Strecke teilt sich in eine Nord- und Südroute, beide haben ihren Ausgangspunkt in Magdeburg. Die Nordroute erschließt Altmark und Elbe-Havel-Gebiet, die Südroute die Börde, den Harz, das Mansfelder Land und die Saale-Unstrut-Region.

MERIAN | TIPP

Café Winuwuk
Das märchenhaft anmutende Haus wurde in den zwanziger Jahren des 20. Jahrhunderts vom Worpsweder Künstler Bernhard Hoetger gebaut. Mit dem „Sonnenhof" nebenan, in dem wechselnde Kunstausstellungen zu sehen sind, bildet es ein wunderbares expressionistisches Gesamtkunstwerk. Wer den Berg hinaufgestiefelt ist, wird obendrein mit hausgebackenem Kuchen und warmer Küche belohnt. Am Wochenende serviert ein Kuchenmädchen die Torten und Plätzchen in einem großen Kuchenkorb – so, wie es früher Brauch war.
(D 1/2) Bad Harzburg
Waldstraße 9
Tel. (053 22) 14 59
Di-So 11.30-18 Uhr €€

Königreich

Romkerhall, das kleinste Königreich der Welt, liegt im Okertal an der B 498. Es hat eine richtige Königin, die Prinzessin von Sachsen, die, wen auch immer, zum Ritter schlagen und den Titel „Hoflieferant" vergeben kann. Den Beinamen „Königreich" verdankt das Gebäude einem Versäumnis: Bei einer Gebietsreform in den Siebzigern wurde der einstige Jagdsitz Georgs V. von Hannover keiner Gemeinde zugeordnet, worauf der damalige Besitzer das Haus werbewirksam zum Königreich ausrief – seither strömen die Gäste in Scharen in das Großrestaurant Romkerhall, denn mehr ist das kleinste Königreich nicht, und laben sich an Schnitzel mit Waldpilzen und Riesenwindbeuteln.
(D 2) zwischen Goslar und Altenau
Tel. (053 29) 823, Fax 233

Auf der Walz zur Kaiserpfalz: Rast im Schlosskrug in Quedlinburg

(D 1/2) Bad Harzburg
Hotelrestaurant Behnecke im Braunschweiger Hof
Platz für 130 Gäste, gemütlich. Vielseitige Küche mit Schwerpunkt Wild, Fisch, Hummer.
Herzog-Wilhelm-Straße 54
Tel. (053 22) 78 80 €€€

(E 3) Braunlage
Zur Tanne
Edel, ambitionierte Küche: Ob Harzer Forelle oder Rehrücken mit Pfifferlingen – heimische Produkte bekommen Schliff.
Herzog-Wilhelm-Straße 8
Tel. (055 20) 931 20 €€€

(C 3) Buntenbock
Landhaus Kemper
Von Künstlerhand gestaltete ehemalige Brauerei mit variantenreicher Küche, große vegetarische Auswahl. Wechselnde Vier-Gänge-Menüs. Hotel.
An der Trift 19
Tel. (053 23) 17 74 €€

(C 2) Clausthal-Zellerfeld
Polsterberger Hubhaus
Waldgaststätte in ehemaligem Hubhaus mit regionaler Küche: Gerichte vom Harzer Roten Höhenvieh. Kaminofen im Winter; Terrasse unter Bergahorn im Sommer.
Polsterberg 1, an der B 242
Richtung St. Andreasberg
Tel. (053 23) 55 81 €€

(E/F 3) Drei Annen Hohne
Kräuterhof
Gehobene Regionalküche, ganzjährig mit Kräutern aus eigenem Anbau, lichter Wintergarten. Zudem einziges Hotel im Nationalpark Hochharz.
Tel. (03 94 55) 840 €€

(C/D 1) Goslar
Worthmühle
Haus von 1540; überwiegend harztypische Gerichte mit saisonalen Specials zu Gose, einem obergärigen Bier, eigens für die Worthmühle gebraut; Sommergarten am Fluss Gose.
Worthstraße 4
Tel. (053 21) 434 02 €€

(C 4) Herzberg
Landhaus Schulze
Helle Eichenholzmöbel und gelb-grünes Fachwerk: pointierte ländliche Küche mit Akzenten auf Wild und Fisch.
Osteroder Straße 7
Tel. (055 21) 899 40 €€

(H 2/3) Quedlinburg
Schlosskrug am Dom
Deftiges in holzgetäfelten Räumen aus dem 16. Jahrhundert. Biergarten mit bester Aussicht.
Schlossberg 1
Tel. (039 46) 28 38 €

Weinkeller Theophano
350 Jahre alter Gewölbekeller: liebevoll dekorierte Holztische, aufmerksamer Service, Gerichte aus regionalen Produkten, zubereitet mit der Leichtigkeit des Südens. Wechselnde Karte.
Markt 13-14
Tel. (039 46) 963 00 €€

Weinstube im Hotel Am Brühl
Deutsche Küche, geschmackssicher verfeinert und mehrfach prämiert – aufgetragen im restaurierten Kuhstall und in einem lauschigen Innenhof.
Billungstraße 11
Tel. (039 46) 961 80 €€€

(G 5) Stolberg
Gasthaus Kupfer M
Traditionell: „Stolberger Lerchen", Würste, die beim Braten Pfeifgeräusche von sich geben, und anderes Deftiges in 450 Jahre altem Fachwerkhaus.
Am Markt 23
Tel. (0346 54) 422 €

(G 3) Treseburg
Forelle
35 verschiedene Forellengerichte: mit Mandeln, Wacholder-geräuchert oder auf Lauch-Knoblauch-Fenchelbett.
Ortsstraße 28
Tel. (03 94 56) 56 40 €€

(F 2) Wernigerode
Gothisches Haus
Am Markt: mit Wintergarten und Gewölbekeller „Winkeller 1360". Oben gibt es internationale, unten regionale Speisen.
Marktplatz 2
Tel. (039 43) 67 50 €€€

(G 3) Wildemann
Spiegeltaler Zechenhaus
Spezialität: Traditionelles Tscherper-Essen aus Hausschlachtwurst. Die „Stumpel" von Knack- und Schmorwurst werden ohne Besteck gegessen.
Richtung Hahnenklee-Bockswiese
Tel. (053 23) 967 83 €€

>> Die Planquadrate bei den Orten beziehen sich auf die MERIAN-Karte auf Seite 131-133

MIT KINDERN UNTERWEGS

Märchenwald ist, wo Rotkäppchen Hänsel und Gretel trifft

(B 2) Bad Grund
Schneeballschlacht im Sommer

Schneeballschlachten im Sommer gibt's in Bad Grund jeden Sonntag, und das seit mehr als 100 Jahren. Der Schnee wird im Winter in einer sieben Meter tiefen Erdgrube eingelagert; zwischen Juni und September wird daraus auf dem Iberg ein Schneemann errichtet, mit dessen Überresten sich die Kinder eine sommerliche Schneeballschlacht liefern.
Touristinformation
Elisabethstraße 1
Tel. (053 27) 70 07 10
Fax 70 07 70
So 16 Uhr

Märchenwald

Nahe dem Kurpark von Bad Harzburg werden die Märchen von Rotkäppchen, Hänsel und Gretel und Dornröschen in je fünf beweglichen Bühnenbildern mit etwa 100 handgeschnitzten Figuren dargestellt. Außerdem Brockenbahn-Modell, Verkehrsgarten, historische Drehorgel.
Nordhäuserstr. 1a, Tel. (053 22) 35 90, Fax 559673
März-Okt. 10-18 Uhr, Nov.-Feb. Mo geschl., Dez. und Jan. nur Fr-So geöffnet. Erw. 4 €, Kinder 3 €, Familienkarte 12 €

(D 5) Bad Sachsa
Salztal-Paradies Bad Sachsa

5000 Quadratmeter Wasserspaß: Kinderplanschbecken, Wellenbecken, Wildwasserkanal. In der Eishalle: auch bei Sommerhitze Eislaufen.
Talstr. 28, Tel. (055 23) 95 09 02
www.salztal-paradies.de
tgl. 9-22 Uhr, Sa, So u. feiertags 8-22 Uhr, Eintritt mit Sauna: Erw. 6,30 €, Kinder 4,70 € (2 Std.) Tageskarte: Kinder 7,50 €, Erw. 10 €

Winnetou war einmal, jetzt gibt's jeden Sommer Pullman City live

(D/E 1/2) Bad Harzburg
Rabenklippe

8500 m² großes Schaugehege, in dem man Luchse aus nächster Nähe beobachten kann. Lohnend: eine Wanderung (17 km) von Bad Harzburg über Rabenklippe zum Molkenhaus (Wildfütterung: Rehe usw.), vorbei am Ecker-Stausee zum Radaufall und zurück.
Rabenklippe, Tel. (053 22) 28 55
Fax 55 92 90, *tgl. 10-18 Uhr*

(F/G 3/4) Hasselfelde
Harzköhlerei Stemberghaus

Köhlerlager mitten im Wald auf großer Lichtung: eine der letzten noch produzierenden Köhlereien Deutschlands mit spannendem Museum, das in die Lebens- und Arbeitswelt der Köhler und in die Historie der Köhlerei einführt. Von April bis Oktober brennen die Erdmeiler, bzw. werden aufgebaut, abgekohlt und „geerntet", sodass 150 Tonnen Holzkohle im Jahr zusammenkommen und Besucher einen guten Einblick in die Holzkohle-Herstellung gewinnen. Auf dem Gelände, über dem der würzige Duft der Meiler liegt, grasen Ziegen und Damtiere, grunzen Wildschweine zufrieden vor sich hin. Zusätzliche Angebote: viertägige Köhlercamps, in denen Kinder und Erwachsene in Zelten auf dem Köhlerei-Gelände leben, ihre eigenen Meiler bauen und alles über Brandphasen oder die Ernte der Holzkohle erfahren. Gekocht und gegessen wird am Lagerfeuer.
An der B 81 nördlich von Hasselfelde
Tel. (03 94 59) 722 54
Fax 738 99
www.harzkoehlerei.de
tgl. 10-18 Uhr; Führungen auf Anmeldung

Westernstadt Pullman City II

Einmal im Leben Cowgirl oder Cowboy sein: In der Westernstadt sieht es aus wie im Amerika des 19. Jahrhunderts. Pferdekutschen rattern über staubige Wege, aus den Saloons dringt Country Musik. Beim Trailreiten und Goldschürfen kann jeder zeigen, was er kann. Das „Old Western Museum" und das „Mandan Erdhaus" führen in die Geschichte der amerikanischen Besiedlung und in die Kultur der nordamerikanischen Indianer ein. Ein Abenteuer sind die Übernachtungen mit Lagerfeueratmosphäre in indianischen Tipis und Blockhäusern (früh buchen).
Am Rosentale 1
Tel. (03 94 59) 73 10
Fax 731 10
www.pullmancity-2.de
April-Nov. tgl. 10-1 Uhr Erw. 12 €, Kinder bis 16 Jahre 8 €, Kinder bis 4 Jahre 5 €

(C 4) Herzberg-Lonau
Fledermauswanderungen

Ausgerüstet mit Taschenlampe und Fledermausdetektoren, die die Rufe des winzigen Nachttiers hörbar machen, geht es im Dunkeln mit einem Ranger ins Reich der Fledermaus. Andere Themen: „Wunderwelt Wald", „Frühlingserwachen", „Abenteuer Wildnis im Nationalpark".
Unterdorf 35
Tel. (055 21) 726 53
Weitere Angebote in den Nationalpark-Ämtern Hochharz und Harz.

Auch ohne Schnee in Fahrt: auf der Sommerrodelbahn

(D 3) St. Andreasberg
Bob fahren

Im Sommer auf Kunststoffkufen Bob fahren: vom Matthias-Schmidt-Berg auf 550 Meter langer Bobbahn hangabwärts.
Sommerrodelbahn
Am Matthias-Schmidt-Berg
Tel. (055 82) 265, Fax 83 24
www.sankt-andreasberg.de
April-Okt. 10-17 Uhr, Kinder ab 6 Jahren dürfen allein fahren, Erw. 3,20 €, Kinder 2,60 €, nur bei trockenem Wetter

(G 3) Thale
Tierpark Hexentanzplatz Thale

In Naturgehegen fliegen Milane und Steinadler; Luchse und Wölfe schleichen durchs Dickicht. Schön als Tagestour: nach Wanderung von Thale zum Hexentanzplatz, mit anschließendem Besuch einer Kindervorstellung im Bergtheater Thale (s. S. 118) und der Fahrt mit der Schwebebahn.
Hexentanzplatz 4
Tel. (039 47) 28 80, Fax 919 60
Juni-Aug. 9-19, Mai/Sept./Okt. -18, Feb.-April -17, Nov.-Jan. 10-16 Uhr, Erw. 4 €, Kinder 2,50 €

>> Die Planquadrate der Orte beziehen sich auf die MERIAN-Karte auf Seite 131-133

HARZER HEXENSTIEG

Immer der Hex' nach

Ein Fernwanderweg führt quer durch den Harz: von Osterode über den Brocken nach Thale

Die Hexenrunde, mal einsam, mal überlaufen

Wandern kann man im Harz vielerorts, der Harzer Verkehrsverband, Touristinformationen und Kurverwaltungen haben Tipps und Wanderkarten und die Wege gut ausgeschildert. Einmal quer durch den Harz, von West nach Ost oder umgekehrt, gelangt, wer der grünen Holzhexe folgt, die seit dem Herbst 2003 den „Harzer Hexenstieg" (siehe herausnehmbare Faltkarte) markiert. Auf einer Strecke von 97 Kilometern quert der Fernwanderweg den Harz, verbindet die Nationalparks Harz und Hochharz, führt durch zauberhafte Landschaften: durch lichte Misch- und dichte Fichtenwälder, über Wiesen, vorbei an steilen Klippen und an leise dahinfließenden Bächen entlang.

Ausgangspunkt (für die West-Ost-Tour) ist Osterode. Im 12 Kilometer entfernten Buntenbock beginnt schon die Gegend des „Oberharzer Wasserregals" (siehe S. 122-123), der Weg führt an den Teichen und Gräben entlang, die einst für den Bergbau angelegt wurden. Über Altenau geht's nach Torfhaus (23 km), wo die steilste Strecke beginnt, der Aufstieg zum Brocken. Die letzten Meter bis zum 1142 Meter hohen Berg führen über den „Goethe-Weg" (siehe Rückseite der Faltkarte), entlang der ehemaligen innerdeutschen Grenze. Vom Brockengipfel geht's über Schierke nach Drei Annen Hohne (18 km). Ein paar Kilometer weiter, in Königshütte, teilt sich der Weg in Nord- und Südroute. Die nördliche Strecke verläuft am Ufer der Bode, vorbei an den Rübeländer Tropfsteinhöhlen zur Rappbode-Staumauer, Deutschlands größter Trinkwasser-Talsperre, nach Altenbrak (30 km). Wer die Südroute wählt, kommt über Hasselfelde auf dem Köhlerpfad zum Köhlereimuseum Stemberghaus (siehe S. 127), wo der würzige Duft der Holzkohlemeiler aufsteigt.

Der Specht, mal pocht er, mal stopft er Mäuler

Die letzten 14 Kilometer bis Thale erfordern ein letztes Mal Kondition. Sie führen vom Bodetal, einem der Höhepunkte der Tour, hinauf zu Hexentanzplatz und Rosstrappe. Wer schlappmacht, wird von der Seilbahn mitgenommen.

Wanderkarten beim Harzer Verkehrsverband
Tel. (053 21) 340 40, Fax 34 04 66, www.harzinfo.de

ANGELN

(D 2) Altenau
Die „Angelkarte Oberharzer Teiche" ist als Tages- oder Dreitageskarte erhältlich. Sie berechtigt zum Fischen in 40 Teichen des „Oberharzer Wasserregals", eines bergbauhistorisch einmaligen Speicherteich- und Grabenverbundsystems (s. S. 122).
Auskunft bei Kurbetriebsgesellschaft „Die Oberharzer"
Hüttenstr. 9, Tel. (053 28) 80 20
Fax 802 38
www.harztourismus.com
Mitte April-Ende Okt., 9 € für einen, 20,50 € für drei Tage

BALLONFAHRT

(C/D 1) Goslar
Den Harz in Ruhe aus der Vogelperspektive betrachten: Bei günstigem Wetter legt der Ballon auf einer anderthalbstündigen Fahrt eine Distanz von bis zu 70 Kilometern zurück, der Wind bestimmt die Richtung. Es besteht Funkverbindung zu einem Bus, der die Ballonfahrer zum Ausgangspunkt der Reise zurückbringt. Startpunkte sind Goslar oder Salzgitter.
Heiko Rataj
Maltermeisterturm
Tel. (0171) 809 79 32
168 € pro Person (bis zu drei können mitfahren), mit Auf- und Abbau 4-5 Stunden

GLEITSCHIRM-FLIEGEN

(D 1/2) Bad Harzburg
Harzer Gleitschirmschule
Gleitschirmfliegen mit und ohne Motor als Tandemflug möglich. Im Angebot auch 5-7-tägige Einsteigerkurse; Übungshänge in Westerode, Stapelburg, Lautenthal bzw. am Rammelsberg in Goslar.
Knut Jäger, Amsbergstr. 10
Tel. (053 22) 14 15, Fax 20 01
www.paracenter.de
Tandemflug 30 €, Dauer 5-15 Min., Hochzug mit Seilwinde

KLETTERN

(E 3) Schierke
DAV Basislager Brocken
Klettern an Feuerstein-, Vogelherd- und Schnarcherklippen mit allen Schwierigkeitsgraden. Ausrüstung kann für 8 € pro Tag geliehen werden. Schnupperklettern für Einsteiger (1 Std. 30 € pro Gruppe mit 1-4 Pers.) mit vorausgehender Einführung an einer 6 Meter hohen künstlichen Kletterwand am Basislager Vereinshaus (für Kinder ab 7 Jahre). Weitere interessante Angebote für die Zeit von Mai-Okt.: Abseilen von den 25 Meter hohen Schnarcherklippen (nach Aufstieg über eine Eisenleiter); Hangeln über die Bode an zwei straff gespannten Seilen, auf dem einen tasten sich die Füße vor, am anderen hält man sich fest.
Mühlenweg 1
Tel. (03 94 55) 515 46
www.dav-basislager-brocken.de

Mountainbiken ist im Nationalpark auf Wanderwegen erlaubt

(G 3) Thale
30-40 Aufstiege aller Schwierigkeitsgrade im Steinbachtal, auf Wunsch beaufsichtigtes und betreutes Klettern. Ausrüstung wird gestellt.
Wolfgang Knochenhauer
Gartenbreite 13
Tel. (039 47) 77 21 49
Fax 77 21 50
April-Okt. 10-17 Uhr, Kurs 30 €, Ausrüstung wird gestellt

GOLF

(I 3) Meisdorf
Golfclub Schloss Meisdorf
Gepflegte 18-Loch-Anlage am Parkhotel Schloss Meisdorf, eingebettet in wunderschönen Mischwald. Anfänger willkommen; auch Unterricht.
Petersberger Trift 33
Tel (03 47 43) 984 50
Fax 984 99, www.golfclub-schloss-meisdorf.de
Zimmer von 59 bis 139 €; spezielle Golfarrangements auf Anfrage (Reservierung ratsam) Mo-Fr 26 €, Sa-So 36 €; ganzjährig außer bei Schnee

KUTSCHFAHRTEN

(E 1) Eckertal

Durchs Ilsetal auf Heinrich Heines Spuren oder zur Rangerstation Scharfenstein in 700 m Höhe – gemütliche Fahrten mit Kutsche oder Planwagen durch den Nationalpark Hochharz. Mit Harzer Hausschlachte-Picknick; nach Absprache mit Kirchenbesichtigungen.
Blankenburger Straße 47
Tel. (053 22) 55 36 80 und (0172) 389 90 54
Fax (03 94 51) 58 27
www.kutsch-und-planwagen fahrten.de *Preisbeispiel: Heine-Tour 15 € pro Person; 5 Stunden*

MOUNTAINBIKEN

(E 4) Hohegeiß

Freestyle

Gute Kondition und Abenteuerlust erforderlich: Mountainbiketouren über zwei bis vier Tage. Zwischendurch: Klettern, Abseilen, Höhlenerkundungen, Floß bauen usw.
Im Schützenplatzweg 7-11
Tel. (055 83) 271, Fax 272
www.freestyle-hohegeiss.de

(E 3) Schierke

DAV Basislager Brocken

Geführte Mountainbike-Radwandertour von Schierke, vorbei an Ottofelsen, Wasserfall „Steinerne Renne" zum 10 Kilometer entfernten Klettergarten in sonniger Südlage (wer mag, kann unter Aufsicht klettern); weiter nach Hasserode und Wernigerode. Mit den Rädern in die Schmalspurbahn und zurück nach Schierke.
Mühlenweg 1
Tel. (03 94 55) 515 46
www.dav-basislager-brocken.de

NORDIC WALKING

(D 2) Altenau

Kurbetriebsgesellschaft Die Oberharzer

Gelenkschonendes Gehen mit Stock, als Sommertrainingsmethode für Skilangläufer entwickelt. In der Nordic Walking Arena, verschiedene Strecken von 6-16 Kilometer, gut ausgeschildert, Kurse für Einsteiger.
Hüttenstraße 9
Tel. (053 28) 80 20, Fax 802 38
www.harztourismus.com
April-Oktober
Einführungskurs: 15-20 €
Dauer 2,5-3,5 Std.
Schnupperkurs: 5 €, Dauer 1 Std.

REITEN

(F 2) Wernigerode

Reiterhof Mühlental

Mit geduldigen Haflingern Treckingtouren, Kremserfahrten zum Brocken, Ausritte auf ausgesuchten Wegen bis zu fünf Stunden, ohne dabei eine einzige Bundesstraße zu kreuzen.
Familie Vaeckenstedt
Im Friederikental 3 (am Ortsausgang Richtung Elbingerode)
Tel. (039 43) 241 44
Fax 25 41 58
www.reiterhof-wernigerode.de
pro Std. 7 €

SCHIFFSFAHRTEN

(C/D 2) Oker-Stausee

Okersee-Schiffahrt GmbH

Beschauliche Bootsrundfahrten. Startpunkte der 13 Kilometer langen Rundtour von den Anlegern Hauptstaumauer, Schulenberg, Weißwasserbrücke und Vorstaumauer. Während der 1,5-stündigen Fahrt Erläuterungen zur Geschichte der Staumauer.
Tel. (053 29) 290 und 811
Fax 294, www.okersee.de
April-Okt., 7 €, Kinder 3,50 €

SEGELN

(D 4) Bad Lauterberg

Segelclub Bad Lauterberg

Mitfahren auf dem Segelschiff über den sechs Kilometer langen Oder-Stausee. Für Segler auch Bootsverleih.
An der Koldung 4
Terminabsprache: Herr Zaunick,
Tel. (05524) 33 50

WILDWASSERKANU

(C/D 2) Oker-Stausee

Wildwasserkurse in Zwei-Tages-Lehrgängen (Stufe 2-3) direkt an der Oker-Talsperre. Übernachtung auf dem Zeltplatz Göttingerode.
Landeskanuverband Niedersachsen, Stockhardtweg 3
30453 Hannover
Tel. (05 11) 210 11 99
Fax 458 43 49
28 € ohne Übernachtung für Mitglieder, 38 € für Gäste

Klettern sollte können, wer im Okertal in die Wand geht

Sole-Therme in Bad Harzburg

MERIAN | TIPP

Thermal- und Solebäder

Harzburger Sole-Therme

Warmwasser-, Außen-, und Sprudelbecken (33 Grad) mit Massagedüsen für Nacken und Füße und Unterwasser-Massageliegen. Mehrere Saunen, darunter Finnische Naturstimmen-Sauna, Aroma- und Dampfsauna. Massage, Lymphdrainage.
(D 1/2) Bad Harzburg
Krudowstraße 1
Tel. (053 22) 753 60, Fax 753 66
www.bad-harzburg.de
Mo-Sa 8-21, So 8-19 Uhr
Tageskarte Erw. 11,50, Kinder 7 €

Kirchberg-Therme

3000 Quadratmeter Thermen- und Saunalandschaft in subtropischer Pflanzenwelt. Fitnessstudio.
(D 4) Bad Lauterberg
Kirchberg 7-11
Tel. (055 24) 859-140, Fax -110
www.kirchbergtherme.de
tgl. 10-22.30, So u. feiertags 9-22.30 Uhr, 1 Std. 3,60 €
Tageskarte 13 €

Kurzentrum Bad Suderode

Klein, aber fein: 17,5 x 7,5-Meter-Schwimmbad mit kalziumhaltigem Solewasser – gut für Knochen und Haut. Außenbecken, Finnische Sauna, Bio-Sauna, Dampfbad.
(H 3) Bad Suderode
Felsenkellerpromenade 4
Tel. (03 94 85) 510, Fax 485
www.bad-suderode.de
Mo-Fr 14-22, Sa-So 10-22 Uhr
Tageskarte 9 €

Radfahren

Im sanft gewellten Harzvorland verläuft auf ca. 400 Kilometer der gut befahrbare Harzrundweg. Eine gute Übersicht über diese und weitere Harz-Touren gibt die ADFC Regionalkarte „Harz", Bielefelder Verlagsanstalt, 1:75 000, 6,80 €.

RÜCKBLICK

Skier von Oberförster Arthur

Wie der Fremdenverkehr ins Laufen kam

Die ersten Wanderer kamen beruflich in den Harz und das vor etwa 1000 Jahren: Die Herrscher der Karolinger, Ottonen und Salier hatten keinen festen Wohnsitz und zogen samt Hofstaat als „Wanderkönige“ durch das Mittelgebirge. Rund 850 Jahre vergingen, bevor Maler und Literaten den Harz als Reiseziel und das Wandern als Vergnügen entdeckten. Ihre Schilderungen und Reiseberichte legten den Grundstein zur touristischen Erschließung.
Zunächst reiste man vor allem der Gesundheit wegen in den Harz, privilegierte Familien, die in den Heilquellen im Selketal und in den Solebädern in Frankenhausen und Suderode Linderung ihrer Leiden suchten. Mit dem Anschluss des Harzes an das Eisenbahnnetz kam der wirtschaftliche Aufschwung. Der Fremdenverkehr löste den Bergbau als wichtigsten Wirtschaftsfaktor ab. Nun konnten Touristen im großen Stil befördert werden, die Gründung der Harzquer- und der Brockenbahn schaffte den Zugang zum bis dahin abgeschotteten Oberharz. Der 1886 gegründete Harzklub durchzog die Harzer Berge mit einem Netz aus 72 Wanderwegen von rund 8000 Kilometer Länge. Bis heute macht sich der Verein mit der Pflege der Wege, der Errichtung von Wanderheimen und Schutzhütten und der Herausgabe von Wanderführern um den Harz verdient. Der Oberförster Arthur Ulrichs beeinflusste die Entwicklung des Fremdenverkehrs im Harz entscheidend: 1883 hatte er die ersten Skier für seine Förster herstellen lassen, und sehr bald verbreitete sich der Skisport in dem deutschlandweit immer beliebter werdenden Gebiet. Nicht unerheblichen Anteil an dieser Entwicklung hatte der 1904 gegründete Harzer Verkehrsverband (HVV), der den Harz-Tourismus bis heute werbend begleitet. In den zwanziger Jahren des vergangenen Jahrhunderts gab es sogar Flüge in die Region: Für 41 Reichsmark flogen Passagiere per Linienflug von Berlin nach Goslar. Quedlinburg-Bremen oder Wernigerode-Hamburg standen ebenfalls auf dem Flugplan.

Kyffhäuserdenkmal im südlichen Unterharz (Postkarte um 1910)

Durch den Zweiten Weltkrieg wurde der Fremdenverkehr jäh unterbrochen; nach der deutschen Teilung verlief die Grenze mitten durch den Harz. Die touristische Entwicklung setzte sich aber im westdeutschen und – eingeschränkt – im ostdeutschen Teil fort; grenznahe Bereiche wie der Brocken wurden DDR-Sperrgebiet. Nach der Wiedervereinigung entstanden alte Straßenverbindungen neu; der Ostharz holte auf dem Weg zum Wander- und Wintersportparadies rasch auf, so dass im Westharz bereits erste Hotels schließen mußten. Nur die Linienflüge wurden nicht wieder aufgenommen. *Anja Seidel*

Vor 50 000 Jahren Erster Nachweis für die Existenz von Menschen im Harz sind Stein- und Knochenwerkzeuge, die in den Rübeländer Tropfsteinhöhlen gefunden wurden.
40 000 v. Chr. Jägersippen leben im Harzraum.
Um 5000 bis 2000 v. Chr. Jungsteinzeitliche Bauern bevölkern die Region.
1800 v. Chr. Kupferschieferabbau im Mansfelder Gebiet.
800 v. Chr. Beginn der Eisengewinnung in der Region.

KZ Dora-Mittelbau. Gedenken für 20 000 Opfer der Nazis

300 n. Chr. Germanische Sachsen besiedeln den Harz.
772-804 Karl der Große erobert die sächsischen Stammesgebiete rund um den Ostharz.
919-1024 Regierungszeit der Ottonen, unter denen der Harz zentrale politische und auch wirtschaftliche Bedeutung im ersten deutschen Königreich erlangt.
Um 970 Entdeckung bedeutender Silbervorkommen am Rammelsberg bei Goslar.
1024-1125 Mit dem Tod Heinrichs II. 1024 erlischt die ottonische Herrscherlinie. Damit beginnt die Regierungszeit der Salier.
Ab 11. Jh. Errichtung fester Burgen, u. a. die Harzburg, die Lauenburg und die Reichsburg Kyffhausen.
1125 Der Harz wird in Grafschaften unterteilt.
13. Jh. Schrittweise Besiedlung des Oberharzes.
1348 Durch die Pest kommt der Bergbau zum Erliegen.
1337-1525 Fehden unter den Harzgrafen um Besitzansprüche und Machteinfluss. Agrarkrise und Landflucht.
1517/1525 Reformation und Bauernkrieg, in der Schlacht bei Frankenhausen erleiden die Bauern unter Thomas Müntzer eine vernichtende Niederlage.
1520-1620 Die zweite Blütezeit des Oberharzer Bergbaus beginnt, Gründung der freien Bergstädte Goslar, Clausthal, Lautenthal und St. Andreasberg, Wildemann, Bad Grund und Altenau. Beginn des Grubenbergbaus.
1625-1631 Zerstörung des Harzes und seiner Bergbaugebiete im Dreißigjährigen Krieg.
16.-18. Jh. Höhepunkt der Erzförderung, Entstehung des Oberharzer Wasserregals: Teiche werden angelegt, um die Gruben zu entwässern, starke Abholzung für den Bergbau, Wiederaufforstung mit Fichten.
1775 Fachschule in Clausthal (später Bergakademie, heute TU).
1803/15 Besetzung durch die Franzosen, nach dem Sieg über Napoleon wird der Harz unter Preußen und Hannover aufgeteilt.
19. Jh. Neue Technologien im Bergbau (Fahrkunst, Drahtseil, Sprengstoff) machen den Harz zu einem der größten Industriegebiete Europas.
1943-45 KZ-Häftlinge und Zwangsarbeiter müssen in unterirdischen Stollen für die Rüstungsindustrie schuften.

Stolberg: Thomas-Müntzer-Denkmal am Marktplatz

1945 Verheerende Zerstörungen im Ostharz, u. a. in Halberstadt und Nordhausen.
1961 Mauerbau. Die Grenze führt über den Brocken, der zum Sperrgebiet wird.
1989 Öffnung der Grenze. Der frühere Grenzweg wurde Teil des Wanderweges zum Brocken.

Orte

Alexisbad H 4
Allstedt K 7
Altenau D 2
Altenbrak G 3
Aseleben M 6
Bad Gandersheim A 2
Bad Grund B 2
Bad Harzburg D 1/2
Bad Lauterberg D 4
Bad Sachsa D 5
Bad Suderode H 3
Ballenstedt I 3
Benneckenstein E 4
Blankenburg G 2/3
Bockswiese C 2
Braunlange E 3
Buntenbock C 3
Clausthal-Zellerfeld C 2
Derenburg G 2
Drebsdorf H 6
Drei Annen Hohne E/F 3
Elbingerode F 3
Elend E 3
Ermsleben I/K 3
Friedrichsbrunn G 4
Gernrode H 3
Goslar C/D 1
Hahnenklee C 2
Halberstadt G/H 1
Harzgerode H 4
Hasselfelde F 4
Herzberg C 4
Hettstedt K/L 4
Hohegeiß E 4
Hufhaus F 5
Ilfeld F 5
Ilsenburg E 2
Kelbra G/H 6/7
Königshütte F 3
Langenstein G 2
Lautenthal B/C 2
Lonau C 4
Mansfeld K 5
Meisdorf I 3
Neinstedt H 3
Netzkater F 5
Neustadt F 5
Nordhausen F 6
Oderbrück D 3
Oker D 1
Osterode B 3
Pöhlde C 5
Quedlinburg H 2/3
Rübeland F 3
Sangerhausen I 6
Sankt Andreasberg D 3
Schierke E 3
Schulenberg C 2
Siptenfelde H 4
Sorge E 4
Stapelburg E 1
Stiege F 4
Stolberg G 5
Straßberg G 4
Tanne E 4
Thale G 3
Tilleda H 7
Timmenrode G 3
Torfhaus D 2/3
Treseburg G 3
Uftrungen G 6
Vienenburg D 1
Walkenried E 5
Wallhausen I 6
Weddersleben H 3
Wernigerode F 2
Westerode D 1
Wettelrode I 6
Wildemann B/C 2
Zorge E 4

(G/H 6/7) Kelbra
Weidemühle
Fachwerkhaus in Wiesenlandschaft: Pension mit einfachen, gemütlichen Zimmern.
Nordhäuser Straße 3
Tel. (03 46 51) 37 40
Fax 374 99, www.pension-weidemuehle.de €€

(H 2/3) Quedlinburg
Domschatz
200 Jahre altes Fachwerkhaus mit schmucken Zimmern in der Altstadt. Familiäre Atmosphäre, freundlicher Service.
Mühlenstaße 20
Tel. (039 46) 70 52 70
Fax 70 52 71, www.quedlinburg-hoteldomschatz.de €€

Romantik Hotel am Brühl
Zeitgemäßer Luxus harmonisch in denkmalgeschützte Gebäude integriert: Stilvolle Zimmer, gutes Hotelrestaurant in hübschem Innenhof. Opulentes Frühstücksbüfett.
Billungstraße 11
Tel. (039 46) 961 80
Fax 961 82 46
www.hotelambruehl.de
€€€

Schlosshotel Zum Markgrafen
Ehemaliges Herrenhaus von 1898 in neogotischem Stil in einem riesigen alten Park. Zimmer z. T. mit prächtigen Deckenmalereien.
Wallstr. 96, Tel. (039 46) 811 40
Fax 81 14 44
www.schlosshotel-zum-markgrafen.de
€€€ – €€€€

Schlossmühle
In der ehemaligen Probsteimühle vor der Stiftskirche. Gemütliche Zimmer mit Holzgebälk. Gut sortierte Bibliothek im Kaminzimmer. Sauna und Whirlpool.
Kaiser-Otto-Straße 28
Tel. (039 46) 78 70
Fax 78 74 19
www.schlossmuehle.de €€

Theophano
Liebevoll restauriertes Fachwerkhaus aus dem 17. Jahrhundert direkt am Markt. Individuell gestaltete Zimmer mit schönen Details wie Himmelbetten oder großen Bädern.
Markt 13/14
Tel. (039 46) 963 00
Fax 96 30 36
www.hoteltheophano.de €€€

Schreckensturm
Frühere Folterkammer in einem hohem Wehrturm aus dem 14. Jahrhundert. Fantastischer Blick; Buchung in der Saison ab vier Übernachtungen.
Quedlinburg Tourismus-Marketing GmbH, Markt 2
Tel. (039 46) 90 56 24/5
Fax 90 56 29
www.quedlinburg.de €€

(D 3) St. Andreasberg
Berghotel Glockenberg
Mit weitem Blick über die Stadt auf die Harzer Berge. Zimmer teils mit Balkon. Sauna.
Am Glockenberg 18
Tel. (055 82) 219, Fax 81 32
www.hotel-glockenberg.de €€

(E 2/3) Schierke
Brockenherberge
Die Aussicht vom Brocken rechtfertigt die Preise in Norddeutschlands höchstgelegenem Hotel. Einfache Austattung. Mehrbettzimmer für Wanderer.
Brockenplateau
Tel. (03 94 55) 120, Fax 121 00
www.brockenherberge.de
€€€

Pension Andrä
Kleine Pension mit großen Zimmern im gemütlichen Landhausstil. Aufmerksamer Service.
Brockenstraße 12
Tel. (03 94 55) 512 57, Fax 454
www.pension-andrae.de €€

Pension Barbara
Harztypische Familienpension mit einfachen Zimmern und zwei Ferienwohnungen.
Brockenstraße 1
Tel. (03 94 55) 86 90
Fax 869 16
www.harz-pension-barbara.de
€€

Waldschlösschen Schierke
Jugendstilvilla mit modernem Anbau, Zimmer in italienischem Design.
Hermann-Löns-Weg 1
Tel. (03 94 55) 86 70
Fax 867 77
www.waldschloesschen-schierke.de €€

(G 5) Stolberg
Zum Bürgergarten
Seit 1681 bestehendes Haus; dunkle Balken und helle Holzmöbel in rustikalen Zimmern. Sauna und Whirlpool.
Thyratal 1, Tel. (03 46 54) 81 10
Fax 811100, www.hotel-buerger garten.de € – €€

(F 2) Wernigerode
Am Anger
Behagliches Hotel in der Altstadt. Räume im Landhausstil. Zimmer mit Blick aufs Schloss reservieren.
Breite Straße 92
Tel. (039 43) 923 20
Fax 92 32 50, www.hotel-am-anger.de €€

Gothisches Haus
Alte Nobelherberge neben dem Rathaus am Markt. Großer Wellnessbereich.
Marktplatz 2, Tel. (039 43) 67 50, Fax 67 55 55
www.tc-hotels.de €€€€

Weißer Hirsch
Fachwerkhaus von 1760, komfortabel, am Marktplatz mit Blick auf Rathaus und Schloss.
Marktplatz 5
Tel. (039 43) 60 20 20
Fax 63 31 39, www.hotel-weisser-hirsch.de €€€

Ländlicher Charme: Hotel am Anger in Wernigerode

Pension Zum Kutschenbauer
Zimmer – einige mit Schlossblick – mit italienischen Möbeln. Familiär, gutes Preis-Leistungsverhältnis.
Brandgasse 2/Breite Str. 71
Tel. (039 43) 62 62 50
Fax 626 25 13
www.zum-kutschenbauer.de
€€

(B/C 2) Wildemann
Parkschlößchen
Sympathische Familienpension gegenüber den Kuranlagen mit geräumigen Zimmern. Große Liegewiese, Sauna, Solarium.
Im Spiegeltal 39
Tel. (053 23) 61 97, www.park schloesschen.harz.de €

Schäferhof Langenstein

MERIAN | TIPP

Aktviurlaub

(H 6) Drebsdorf
Gut Drebsdorf
Reiterferien für Groß und Klein auf einem idyllisch gelegenen Gutshof im Südharz mit schönen Ferienwohnungen für zwei bis sechs Personen (mit Kinderbetreuung). Zusätzlich zum Reitangebot für Anfänger und Fortgeschrittene gibt es eine Schauschmiede, den Streichelzoo und einen Hofladen. Idealer Ausgangspunkt zu Highlights wie Königspfalz Tilleda, Bergbaumuseum Wettelrode oder Kyffhäuserdenkmal.
Gutshof 35
Tel. (03 46 56) 56 00
Fax 560 17
www.gut-drebsdorf.de €

(G 2) Langenstein
Schäferhof Langenstein
Urlaub der besonderen Art: Auf dem denkmalgeschützten Vierseitenhof werden bäuerliche Traditionen und Handwerkskunst vermittelt, zum Beispiel das Verarbeiten von Wolle und Ton, das Schmieden oder Brotbacken im Lehmofen. Der Umgang mit Tieren von Huhn über Schaf bis zu Pferd gehört zum Alltag, was die Ferien auf dem Schäferhof gerade für Kinder zum Erlebnis macht. Die Doppelzimmer und Ferienwohnungen sind mit hellen Holzmöbeln freundlich eingerichtet.
Quedlinburger Straße 28a
Tel. (039 41) 61 38 41
Fax 61 46 86, www.schaefer-hof-langenstein.de €€

Charme und allen modernen Hotelstandards. Am Wald auf großer Wiese – mitten im Naturschutzgebiet, kinderfreundlich. Rodelhang, Tennisplatz.
Heringsbrunnen 1
Tel. (03 94 57) 940, Fax 944 99
www.hotel-harzhaus.de €€

(G 2/3) Blankenburg
Kurhotel Fürstenhof
Elegantes Haus im Herzen der Stadt mit langer Hotelhistorie: geräumige Zimmer im Landhausstil eingerichtet, Wohnen und Schlafen zum Teil separat.
Mauerstraße 9
Tel. (039 44) 904 40
Fax 904 42 99, www.kurhotel-fuerstenhof.de €€

Prinzessinnenturm
Ideal für ein romantisches Wochenende: Alter Wohnturm mit zwei Zimmern über dem barocken Berggarten. Weiter Blick über Gartenanlagen, Blankenburger Schloss ins Harzvorland.
Kurverwaltung, Markt 3
Tel. (039 44) 28 98, Fax 631 02
www.barockhochzeit.de €€

Viktoria Luise
In Grün, Rot, Königsblau oder Rosa – jedes Zimmer ist in individuellen Farben gehalten. Charaktervolles, ruhiges Haus in Südlage über der Stadt.
Hasselfelderstraße 8
Tel. (039 44) 911 70
Fax 91 17 17, www.viktoria-luise.de €€€

(E 3) Braunlage
Hotel & Residenz Hohenzollern
Großzügige Apartments und ebensolcher Wellnessbereich mit Pool, Saunen, Moorbädern.
Dr. Barner-Straße 10-11
Tel. (055 20) 932 10
Fax 93 21 93
www.residenz-hohenzollern.de
€€€-€€€€

(C 2) Clausthal-Zellerfeld
Hotel Friese
Familiengeführtes Drei-Sterne-Haus im Zentrum von Clausthal. Zimmer mit behaglicher Polstermöbelsitzecke und Schreibtisch, ISDN-Anschluss.
Burgstätterstraße 2
Tel. (053 23) 938 10
Fax 93 81 99
www.harzpreiswert.de €€

Waldhotel Untermühle
Ehemalige Kornmühle im Kiefernwald: Zimmer mit alten Holzdielen. Auf dem Frühstücksteller selbst gebackenes Brot aus dem Steinbackofen.
Untermühle 1
Tel. (053 23) 98 30 98
Fax 98 30 97
www.untermuehle.harz.de €€

(G 4) Friedrichsbrunn
Klobenberg-Baude
Familiengeführte kleine Pension am Waldrand mit Sicht auf den Brocken. Heimelige Atmosphäre. Große Terrasse, Rodelberg direkt am Haus.
Klobenberg 4
Tel. (03 94 87) 363, Fax 744 13
www.harz-online.de €

(C/D 1) Goslar
Der Achtermann
Komfortables Vier-Sterne-Haus mit 500-jähriger Historie. Zimmer modern eingerichtet, teils mit Erkern. Sechs Turmzimmer im alten Wehrturm mit dicken Wänden und großartiger Sicht.
Rosentorstraße 20
Tel. (053 21) 700 00
Fax 700 09 99
www.der-achtermann.de €€€

Festlich: das Restaurant des Hotels Kaiserworth in Goslar

Gosequell
Gemütliches familiengeführtes Haus im Fachwerkgewand, nahe der Kaiserpfalz in ruhiger Altstadt-Lage. Harzer Küche.
An der Gose 23
Tel. (053 21) 340 50
Fax 34 05 49
www.hotel-gosequell.de €€

Kaiserworth
Erstes Haus am Marktplatz im ehemaligen Gildehaus aus dem 15. Jahrhundert mit stilvoll möblierten Zimmern.
Markt 3, Tel. (053 21) 70 90
Fax 70 93 45
www.kaiserworth.de €€€

(G/H 1) Halberstadt
Abtshof
Fachwerkhaus in der Altstadt. Große Zimmer mit schrägen Wänden; Kinder bis vier Jahre übernachten kostenlos, bis zwölf Jahre zum halben Preis.
Abtshof 27a
Tel.(039 41) 688 30
Fax 68 83 68
www.abtshof-halberstadt.de
€€

Parkhotel unter den Linden
Mit Augenmaß restauriertes Landhaus im englischen Stil von 1911. Geräumige, mit viel Stilempfinden eingerichtete Zimmer mit Wandschränken und Erkern. Diele mit Kamin.
Klamrothstraße 2
Tel. (039 41) 625 40
Fax 625 44 44
www.pudl.de €€

Villa Heine
Luxus und moderner Wohnkomfort in Gründerzeit-Villa mit freundlich ausgestatteten Zimmern: In dem Haus lebte einst Friedrich Heine, der Besitzer der Halberstädter Würstchen- und Konservenfabrik.
Kehrstr. 1, Tel. (039 41) 314 00
Fax 315 00
www.hotel-heine.de €€€

(H 4) Harzgerode
Selkemühle
Idyllische Lage an der Selke, familiäre Atmosphäre. Zimmer mit Holzmobiliar. Tiergehege; Bootfahren auf kleinem Teich.
Ortsteil Mägdesprung
Tel./Fax (03 94 84) 23 41
www.hotel-selkemuehle.de €€

Idyllischer Innenhof: Romantik Hotel am Brühl in Quedlinburg

(E 4) Hohegeiß
Hotel Rust
Schöne Sicht auf den Südharz, Schwimmbad, Wintergarten, Terrasse. Zimmer im Landhausstil, klassisch oder mit Himmelbett.
Am Brande 5
Tel. (055 83) 831, Fax 364
www.hotelrust.harz.de €€

(F 5) Ilfeld
Ausflugs- und Ferienhotel Hufhaus/Harzhöhe
Sechs Kilometer von Ilfeld entfernt im Wald gelegen. Freibad, Pferde, Spielplätze. Transferservice ab Bahnhof Netzkater.
von Ilfeld B 80 Richtung Magdeburg, dann ausgeschildert
Tel. (03 63 31) 481 25
Fax 481 26
www.hotelhufhaus.de €

(E 2) Ilsenburg
Zu den Rothen Forellen
Luxuriöses Landhaus-Hotel in zauberhafter Lage. Indoor-Badelandschaft mit Dampfbad und Aromagrotte.
Marktplatz 2
Tel. (03 94 52) 93 93, Fax 93 99
www.rotheforelle.de €€€€

D
E
F
G
Immenrode
Vienenburg
Schauen
Berßel
Dedeleben
Zilly
Athenstedt
Sargstedt
Groß Quenstedt
Aspenstedt
Klein Quenstedt
Lochtum
Abbenrode
Bettingerode
Harlingerode
Westerode
Göttingerode
Stapelburg
Eckertal
Bad Harzburg
Ödorf
Wasserleben
Langeln
Danstedt
Schachdorf Ströbeck
Veckenstedt
Heudeber
Schmatzfeld
Mahndorf
Halberstadt
Holtemme
Derenburg
Harsleben
Romkerhall
Molkenhaus
Radaufall
Luchsgehege Rabenklippe
Ecker
Ilsenburg
Drübeck
Reddeber
Minsleben
Silstedt
Böhnshausen
Langenstein
Klussiedlung
Gedenkstätte Zwieberge
Goldbach
Darlingerode
Wernigerode
Benzingerode
Hoppelberg 308
Münchenhof
Oker-Stausee
Ecker-Stausee
Rangerstation Scharfenstein
Nöschenrode
Heimburg
Regenstein
Börnecke
Ilse
Brocken 1142
Nationalpark
Steinerne Renne
Holtemme
Michaelstein
Westerhausen
Torfhaus
Renneckenberg 930
Oesig
Blankenburg
Schlossberg
Bruchberg 928
Königsberg 1034
Schaubergwerk Büchenberg
ehem. Pfalz Bodfeld
Jasperode
Cattenstedt
Teufelsmauer
Nationalpark
Oder-Teich
Brockenbahn
Hochharz
Drei Annen Hohne
Elbingerode
Hüttenrode
Timmenrode
Warnstedt
Wedders-leben
Oderbrück
Kalte Bode
Schierke
Besucherbergwerk "Drei Kronen und Ehrt"
Baumanns-höhle
Wienrode
Thale
Neinstedt
Großer Sonnenberg 854
Achtermanns-höhe 925
Wurmberg 971
Großer Winterberg 907
Rothehütte
Bodfeld
Rübeland
Hermanns-höhle
Wendefurth
Roßtrappe
Stecklen-berg
Harz
Wurmberg-schanze
Elend
Königshütte
Altenbrak
Hexen-tanzplatz
Bad Suderode
Braunlage
Rappbode-Stausee
Harzköhlerei Stemberghaus
Bode
Sankt Andreasberg
Warme Bode
Treseburg
Ramberg
Westernstadt Pullman City II
Silberhütte
Tanne
Sorge
Trautenstein
Hasselfelde
Friedrichsbrunn
Schöltstaler Köpfe 673
Allrode
Mägdesprung
Benneckenstein
Stiege
Bärenrode
Hohegeiß
Wieda
Oder-Stausee
Harzquerbahn
Güntersberge
Alexisbad
Odertal
Siptenfelde
Bad Lauterberg
Wieda
Harz
Zorge
Rothesütte
Sophienhof
Friedrichshöhe
Selketalbahn
Selke
Breitenstein
Silberhütte
Straßberg
Sülzhayn
Netzkater
Hufhaus
Bad Sachsa
Steina
Walken-ried
Ellrich
Werna
Ilfeld
Appenrode
Wiegersdorf
Stolberg
Großer Auerberg 580
Danke
Hayn
Weilrode
Neuhof
Branderode
Tettenborn
Osterode
Hohnstein
Heinrichs-burg
Harzungen
Ebersburg
Schwenda
Mackenrode
Klettenberg
Obersachs-werfen
Gudersleben
Woffleben
Neustadt
Niedersachswerfen
Karlsrode
Wolfsberg
Limlingerode
Liebenrode
Mauderode
Hörningen
Rüdigsdorf
Herrmannsacker
Rodishain
Breiten-bach
Ichte
Holbach
Steinsee
Gedenkstätte KZ Mittelbau-Dora
Buchholz
Stempeda
Stöckey
Helme
Dietersdorf
Schiedungen
Günzerode
Herreden
Petersdorf
Epschenrode
Pützlingen
Hochstedt
Steigerthal
Rottleberode
Trebra
Haferungen
Etzelsrode
Klein-wechsungen
Gratzungen
Immenrode
Groß-wechsungen
Hesserode
Nordhausen
Leimbach
Heimkehle
Breitungen
Uftrungen
Agnesdorf
Friedrichs-thal
Bode
Thüringen
Bielen
Urbach
Dittichenrode
Großbodungen
Kleinwerther
Helme
Rosper-wenda
Kleinbodungen
Kehmstedt
Großwerther
Sundhausen
Windehausen
Roßla
Neustadt
Wallrode
Lipprechterode
Görsbech
Berga
Bennungen
Kraja
Bleicherode Ost
Mörbach
Steinbrücken
Uthleben
Heringen
Thürungen
Wipper
Wipperdorf
Bühla
Hünstein
Talsperre Kelbra
Kelbra
Bleicherode
Elende
Nohra
Hain
Goldene Aue
Ascherode
Großlohra
Hamma
Auleben
Rothenburg
Nieder-gebra
Wolkrams-hausen
Rüxleben
Hünengräber
Burg Kyffhausen
Sollstedt
Obergebra
Hainrode
Kleinfurra
Naturpark
Badra
Kyffhäuser
Wülfinge-rode
Wernrode
Wipper
Schersen
Steinthaleben
Rathsfeld
Bernte-rode
Großfurra
Rehungen
Friedrichs-rode
Straußberg
Barbarossahöhle
Gerterode
Kleinberndten
Immenrode
Sondershausen
Bendeleben
Bad Frankenhausen

MERIAN-Straßenkarte
HARZ
Autobahn
Autobahnähnliche Straße
Fernverkehrsstraße
Hauptstraße
Nebenstraße
Fahrweg, Wirtschaftsweg
Bundesland-Grenze
UNESCO-Weltkulturerbe
Kirche; Kloster
Kirchenruine; Klosterruine
Schloss, Burg; Ruine
Denkmal
Archäologische Stätte
Höhle
Flugplatz
Aussichtspunkt
© MERIAN-Kartographie
0
6 km
Hamburg
Bremen
BERLIN
Hannover
Braunschweig
Magdeburg
Dortmund
Goslar
Quedlinburg
Halle
Leipzig
Kassel
s. Straßenkarte
Frankfurt/Main
100 km
I
K
L
M
1
2
3
4
5
6
7
Nienhagen
Kloster Gröningen
Gröningen
Heynburg
Kroppenstedt
Egeln
Unseburg
Tarthun
Zens
Atzendorf
Calbe
Emersleben
Dalldorf
Hakeborn
Alte Warte
Glöthe
Deesdorf
Bode
Heteborn
Schneidlingen
Athensleben
Adersleben
Groß Börnecke
Cochstedt
Wispitz
Wedlitz
geleben
Rodersdorf
Stassfurt
Hohenerxleben
Neugattersleben
Nienburg (Saale)
Hecklingen
Hedersleben
Hausneindorf
Schadeleben
Neu Königsaue
Winningen
Wedderstedt
Friedrichsaue
Ditfurt
Concordiasee
Gatersleben
Wilsleben
Dröbel
Nachterstedt
Frose
Quedlinburg
Morgenrot
Hoym
Sankt Servatius
Sachsen-
Anhalt
Selke
Aschersleben
Badeborn
Gersdorfer Burg
Reinstedt
Quarmbeck
Groß Schierstedt
Wipper
Asmusstedt
Peißen
Sinsleben
Ermsleben
Westdorf
Rieder
Roseburg
Radisleben
Eine
Mehringen
Ballenstedt
Gernrode
Opperode
Konradsburg
Meisdorf
Endorf
Welbsleben
Freckleben
Alsleben
Trebitz
Neuplatendorf
Quenstedt
Roda
Harkerode
Arnstein
Arnstedt
Belleben
Gnölbzig
Strenznaundorf
Könnern
Wieserode
Ulzigerode
Pfersdorf
Sylda
Alterode
Sandersleben
Burg Falkenstein
Wiederstedt
Piesdorf
Burg Anhalt
Stangerode
Walbeck
Hettstedt
Pansfelde
Willerode
Ihlewitz
Zellewitz
Rothenburg
Harzgerode
Bräunrode
Ritterode
Welfesholz
Gerbstedt
Friedeburgerhütte
Zickeritz
Thaldorf
Meisberg
Horbeck
Molmerswende
Greifenhagen
Saurasen
Groß-örner
Zabenstedt
Friedeburg
Dobis
Schielo
Abberode
Steinbrücken
Gräfenstuhl
Heiligenthal
Adendorf
Lochwitz
Freist
Ritzgerode
Rammelburg
Biesenrode
Vatterode
Leimbach
Siersleben
Augsdorf
Rumpin
Königerode
Hermerode
Mansfeld
Thondorf
Hübitz
Elben
Braunschwende
Friesdorf
Wimmelrode
Klostermansfeld
Bösenburg
Rottelsdorf
Kloschwitz
Popperode
Piskaborn
Möllendorf
Blumerode
Benndorf
Polleben
Burgsdorf
Beesenstedt
Schwittersdorf
Zörnitz
Wippra
Gorenzen
Siebigerode
Volkstedt
Helbra
Hedersleben
Naundorf
Paßbruch
Annarode
Ziegelrode
Dederstedt
Oberrißdorf
Gorsleben
Schochwitz
Ahlsdorf
Rotha
Grillenberg
Hergisdorf
Lutherstadt Eisleben
Volkmaritz
Neehausen
Boltzenhöhe
Horla
Pölsfeld
Wimmelburg
Unterrißdorf
Obersdorf
Wettelrode
Morungen
Blankenheim
Kloster Helfta
Wormsleben
Lüttchendorf
Süßer See
Höhnstedt
Hainrode
Lengefeld
Gonna
Emseloh
Schmalzerode
Wolferode
Rollsdorf
Großleinungen
Meuserlengefeld
Riestedt
Klosterrode
Bornstedt
Bischofrode
Aseleben
Seeburg
Drebsdorf
Beyernaumburg
Erdeborn
Wansleben am See
Sangerhausen
Holdenstedt
Röblingen am See
Wickerode
Liedersdorf
Wallhausen
Othal
Hohlstedt
Sottershausen
Helme
Einzingen
Nienstedt
Einsdorf
Etzdorf
Brücken
Martinsrieth
Oberröblingen
Mittelhausen
Niederröblingen
Wolferstedt
Tilleda
Edersleben
Rohne
Naturpark
Klosternaundorf
Kaiserpfalz
Kyffhäuserdenkmal
Hackpfüffel
Katharinenrieth
Allstedt
Winkel
Borxleben
Saale-Unstrut-
Kachstedt
Voigtstedt
Triasland
Querfurt
Ichstedt
Lodersleben
Mönchpfiffel-Nikolausrieth
Udersleben
Nemsdorf-Göhrendorf
Ringleben
Artern
Leimbach

MERIAN | TIPP

Wasserschloss Westerburg

Logieren in der ältesten Wasserburg Deutschlands: Kein Geringerer als Karl der Große ließ die karolingische Westerburg als Verteidigungsanlage mit Palisaden und Steinmauern ausbauen. Bereits im 11. Jahrhundert bekam die Burg den Bergfried und die mächtigen Ringmauern. Im Jahr 2000 eröffnete in diesem frühmittelalterlichen Ensemble (s. S. 124/125) eines der bezauberndsten Hotels des Harzes. 37 Zimmer und Suiten bieten Luxus und trotz der zentralen Lage zu den Sehenswürdigkeiten des Mittelgebirges auch Ruhe. Die barocke Schlosskapelle von 1681 steht für Trauungen offen. Im romanischen Restaurant und im Ritterkeller sitzt man bei guter Küche und Kerzenschein. Das Wellnessangebot reicht von Beauty-Farm über Sauna bis hin zu Kneippbecken.
(F 1) 38836 Westerburg/Dedeleben, Tel. (03 94 22) 95 50, Fax 955 66, www.hotel-westerburg.de €€

Wellness an erster Stelle: Schwimmbad des Hotels Romantischer Winkel in Bad Sachsa

Zimmervermittlung

Ob Dorf oder Stadt – jeder noch so kleine Harzort wirbt mit mindestens einer Pension oder einem Hotel, die wiederum mit zahlreichen Pauschalangeboten locken. Es lohnt sich immer, bei den jeweiligen Touristen-Informationen Gastgeberverzeichnisse zu bestellen. Groß ist auch die Zahl der Privatvermieter, Ferienwohnungen und -häuser.

(H 4) Alexisbad
Habichtstein
Fachwerkhaus von 1890; manche Zimmer mit Balkon, die Maisonettes mit getrenntem Wohn- und Schlafbereich auf zwei Etagen. Schöner Blick ins Selketal, auf den Bahnhof Alexisbad und die Selketalbahn.
Kreisstr. 4, Tel. (03 94 84) 780
Fax 783 80
www.habichtstein.de €€

(G 3) Altenbrak
Zum Harzer Jodlermeister
Pension mit Harzkultur: große, rustikal eingerichtete Zimmer. Im Restaurant Heimatabende mit Trachten, Harzer Liedern und Jodeln für Gäste.
Sankt Ritter 26a
Tel. (03 94 56) 56 80
Fax 568 50, www.zum-harzer-jodlermeister.de €€

(B 2) Bad Grund
Bellevue
Villa von 1892 mit Jugendstil-Treppenhaus, Bleiglasfenstern und angrenzendem Park. Die Zimmer sind modern, licht und freundlich.
Braugasse 5
Tel. (053 27) 838 40
Fax 83 84 13, www.hotel.bellevue.harz.de €€

Hexenpeter Waldwinkel
Drinnen: lauschige Zimmer, holzgetäfelte Wände, bemalte Bauernschränke. Draußen: ein großer Garten. Hier kann man den Hexenbesenführerschein erwerben!
Tel. (053 27) 12 80
Fax 28 14, www.waldwinkel-badgrund.de €

(D 1/2) Bad Harzburg
Braunschweiger Hof
Zentral gelegenes Haus im Park mit mehr als hundertjähriger Tradition: Zimmer mit allem Komfort; fünf luxuriöse Suiten, davon drei mit Südbalkon. Breites Fitness- und Wellnessangebot.
Herzog-Wilhelm-Straße 54
Tel. (053 22) 78 80
Fax 78 84 99, www.hotel-braunschweiger-hof.de
€€€–€€€€

Parkhotel
Liebevoll restauriertes Jugendstilhaus mit 40 ruhigen Zimmern in einem schönen Park. Kaminfeuer in der Hotelhalle. Am Waldrand, dennoch nur fünf Gehminuten vom Zentrum.
Hindenburgring 12a
Tel. (053 22) 78 60
Fax 78 62 28, www.parkhotel-badharzburg.de €€

Rosenau
Romantisches Hotel mit familiärer Note in einer edlen Jugendstilvilla. Entsprechend zeitgemäße Möblierung in hellen, freundlichen Zimmern. Abholservice für Bahnreisende.
Goslarsche Straße 9
Tel. (053 22) 22 57
Fax 96 14 35
www.rosenauhotel.de €€

(D 4) Bad Lauterberg
Revita
Großes Kur- und Sporthotel mit luxuriös eingerichteten Zimmern und 3000 Quadratmeter großer Wellness-Landschaft.
Promenade 56
Tel. (055 24) 831, Fax 804 12
www.revita-hotel.de €€€€

(D 5) Bad Sachsa
Romantischer Winkel
Luxuriöses Wellnesshotel mit gemütlichen Zimmern. Angebote: Ayurveda mit vierhändiger Synchronmassage, Sauerstoffkur, Swimmingpool, Dampfbad, Tepidarium usw.
Bismarckstraße 23, Tel. (055 23) 30 40, Fax 30 41 22
www.romantischer-winkel.de
€€€€

(I 3) Ballenstedt
Schlosshotel Ballenstedt
Über der Altstadt in Nachbarschaft zum Schloss: edel möblierte Zimmer mit modernem Wohnkomfort. Schwimmbad, Wellness.
Schlossplatz 1
Tel. (03 94 83) 510, Fax 512 22
www.vandervalk.de/ballenstedt/de €€€

(E 4) Benneckenstein
Harzhaus
Ruhig gelegenes 4-Sterne-Haus von 1916 mit harztypischem

MERIAN

Heft 6/2004, Juni, Erstverkaufstag dieser Ausgabe ist der 19. 05. 2004

MERIAN erscheint monatlich im Jahreszeiten Verlag GmbH, Poßmoorweg 5, 22301 Hamburg Tel. 040/27 17-0, Fax 040/27 17-20 56 **Anschrift der Redaktion:** Harvestehuder Weg 42, 20149 Hamburg Postfach 130444, 20139 Hamburg, E-Mail: Redaktion@Merian.de, Tel. 040/441 88-231, 441 88-240 Fax 040/441 88-310 **Website:** www.merian.de **Leserservice:** Postfach 601220, 22212 Hamburg Tel. 040/87 97 35 40, Fax 040/27 17 - 20 79

Herausgeber: Manfred Bissinger
Chefredakteur: Andreas Hallaschka
Art Directorin: Sabine Lehmann **Chef vom Dienst:** Tibor M. Ridegh **Redakteure:** Kathrin Sander, Charlotte von Saurma, Thomas Gebhardt (freie Mitarbeit), Thorsten Kolle (freie Mitarbeit) **Redakteur dieses Heftes:** Thomas Gebhardt **Schlussredaktion:** Tibor M. Ridegh, Jasmin Wolf (stv.) **Layout:** Cornelia Böhling, Ingrid Koltermann, Dorothee Schweizer (stellv. Art-Direktorin) **Bildredaktion:** Hanni Rapp, Michael Kleehaupt (freie Mitarbeit), Eva M. Ohms, Maria von Rospatt (freie Mitarbeit) **Bildredakteurin dieses Heftes:** Hanni Rapp **Kartographie:** Peter Münch **Dokumentation:** Jasmin Wolf, freie Mitarbeit: Claudia Schmidt, Petra Wiechmann, Andrea Wolf **Mitarbeit:** Helmut Golinger, Anne Kathrin Reiter, Anja Seidel **Herstellung:** Karin Harder **Redaktionsassistenz:** Sabine Birnbach, Katrin Eggers, Sabine Richter (freie Mitarbeit)
Geschäftsführung Premium Magazine: Peter Rensmann
Gesamt-Anzeigenleitung: Roberto Sprengel **Anzeigenleitung:** Christel Janßen
Anzeigenstruktur: Patricia Hoffnauer **Marketing:** Kenny Machaczek, Ulrich Rieger, Sonja Wünkhaus
Vertriebsleitung: Jörg-Michael Westerkamp (Zeitschriftenhandel), Thilo Heller (Buchhandel)
Verantwortlich für den redaktionellen Inhalt: Andreas Hallaschka
Verantwortlich für Anzeigen: Roberto Sprengel

Verlagsbüros Inland:
Hamburg: Tel. 040/27 17-25 95, Fax -2520, E-Mail: vb-hamburg@jalag.de
Berlin: Tel. 030/80 96 23-60, Fax -70, E-Mail: vb-berlin@jalag.de
Hannover: Tel. 0511/85 61 42-0, Fax -19, E-Mail: vb-hannover@jalag.de
Düsseldorf: Tel. 0211/901 90-0, Fax -19, E-Mail: vb-duesseldorf@jalag.de
Frankfurt: Tel. 069/97 06 11-0, Fax -44, E-Mail: vb-frankfurt@jalag.de
Stuttgart: Tel. 0711/966 66-520, Fax -22, E-Mail: vb-stuttgart@jalag.de
München: Tel. 089/99 73 89-30, Fax -44, E-Mail: vb-muenchen@jalag.de

Repräsentanzen Ausland:
Basel: Intermag AG, Tel. +4161/275 46-09, Fax -10, E-Mail: info@intermag.ch
Brüssel: Publicitas Media, Tel. +322/639 84-29, Fax -40, E-Mail: ibellis@publicitas.com
Danderyd: Annonsbolaget JB Media AB, Tel. +46/8753 96 04, Fax 708753240, E-Mail: anette@annonsbolaget.se
Frederiksberg: Jungersted & Brostrøm, Tel. +45/33 22-20 20, Fax -9959, E-Mail: gitte.schuler@jbmedia.dk
London: The Powers Turner Group, Tel. +44 20/7630 99 66 Fax 76 30 99 22, E-Mail: cweiss@publicitas.com
Mailand: Media & Service International Srl, Tel. +39 02/48 00 61 93, Fax 48 19 32 74, E-Mail: info@it-mediaservice.com
Paris: International Magazine Company, Tel. +331/53 64 88 91, Fax 45 00 25 81, E-Mail: imc@international.fr
Madrid: AMB Publicidad y Marketing, S.L., Tel. +34 91/300-54 54, Fax -5181, E-Mail: ambp@retemail.es
Wien: Verlagsbüro Kepreda, Tel. +43 1/87 71 78-2, Fax 877 87 11, E-Mail: 1@kepreda-jahreszeitenverlag.at
New York: The Russell Group Ltd., Tel. +12 12/213 11-55, Fax -60, E-Mail: info@russellgroupltd.com

Die Premium Magazin Gruppe im Jahreszeiten Verlag

A&W Architektur & Wohnen COUNTRY DER FEINSCHMECKER WEIN Gourmet MERIAN

Gülige Anzeigenpreisliste: Nr. 37d
Das vorliegende Heft Juni 2004 ist die 6. Nummer des 57. Jahrgangs. Diese Zeitschrift und die einzelnen Beiträge und Abbildungen sind urheberrechtlich geschützt. Jede Verwertung außerhalb der engen Grenzen des Urheberrechtsgesetzes bedarf der Zustimmung des Verlages. Keine Haftung für unverlangt eingesandte Manuskripte und Fotos. Preis im Abonnement im Inland monatlich 6,37€ inklusive Zustellung frei Haus. Der Bezugspreis enthält 7% Mehrwertsteuer. Auslandspreise auf Nachfrage. Postgirokonto Hamburg 132 58 42 01 (BLZ 200 100 20) Commerzbank AG, Hamburg, Konto-Nr. 611657800 (BLZ 200 400 00) Führen in Lesemappen nur mit Genehmigung des Verlages. Printed in Germany

Weitere Titel im Jahreszeiten Verlag: Für Sie, petra, vital, PRINZ, A&W Architektur & Wohnen, COUNTRY, DER FEINSCHMECKER, WEINGourmet, schöner reisen, ZuhauseWohnen, SelberMachen
Litho: Alphabeta Druckformdienst GmbH, Hamburg. Druck und Verarbeitung: heckel GmbH, Nürnberg, schlott Gruppe
ISBN: 3-7742-6906-8, ISSN 0026-0029 MERIAN (USPS No. 011-458) is published monthly. The subscription price for the USA is $ 110 per annum. K.O.P.: German Language Publications, Inc., 153 South Dean Street, Englewood NJ 07631. Periodicals postage is paid at Englewood NJ 07631, and at additional mailing offices. Postmaster: send address changes to: MERIAN, German Language Publications, Inc. 153 South Dean Street, Englewood NJ 07631.

JAHRES ZEITEN VERLAG

Ein Unternehmen der
GANSKE VERLAGSGRUPPE

Der Titel zeigt das Rathaus von Wernigerode, fotografiert von Marc-Oliver Schulz

Bildnachweis

Anordnung in Layout: o=oben, u=unten, r=rechts, l=links, m=Mitte.
Titel: Marc-Oliver Schulz; S. 4 m Walter Schmitz; S. 4/5 o Volker Schadach; S. 5 o Wilfried Bauer, ml Schulz, mr J. Schlüter/ddp, u Gräfenhain/Ag. Huber; S. 8 o, m Hansjörg Hörseljau, u Gaasterland/laif; S. 10 o DPA, m Stockfood, u J. Rötzsch/Ostkreuz; S. 11 o Thomas Stephan, ul, ur Dr. Alfred Schuster; S. 14/15 Paul Langrock/Zenit/laif; S. 16/17 Bauer; S. 18/19, 20/21, 22/23, 24/25, 26, 27, 28 Ralf Kreuels; S. 34-45 Schulz - mit Ausnahme von: S. 37 ul, 38 ol, 41 u, 42 o, 44 u Hörseljau; S. 40/41 o Kreuels; S. 42/43 u Heinz Schreiner; S. 48-54 Christian Kaiser; S. 56-61 Illustration: Jutta Drewes; S. 62-70 Bauer; S. 73 DPA; S. 74 u Schenk; S. 74/75 o Schulz; S. 75 o, u, 76, 77 r , 79 Mönchehaus Museum; S. 77 l, 78 Schulz; S. 80, 81 Schadach; S. 83 Kreuels; S. 84 m Schadach, u Rötzsch/Ostkreuz; S. 86-91 Sabine Wenzel; S. 92 R. Schmid/Ag. Huber; S. 93 l Schulz, r, 94 Janos Stekovics; S. 100/101 Schulz; S. 102-107 Schmitz; S. 108/109, 110 Schadach; S. 111 Karl Johaentges; S. 112 Ag. Huber; S. 113 o DPA, m J. Lübke/ddp, u Hörseljau; S. 114 Gräfenhain/Ag. Huber; S. 115 o Transit; S. 116/117 M-SAT Planetobserver.com; S. 118 ol Kreuels, or Schulz; S. 119 o, m, 120 ol Johaentges; S. 120 or, u Kreuels; S. 121 m, 122 o Johaentges; S. 123 o, u Schadach, m Gaasterland/laif; S. 124 ol, or, 125 Landesmarketing Sachsen-Anhalt; S. 124 u AKG; S. 126 o W. Spitta/Transit, m Schulz; S. 127 ol Otto/Mauritius, u ddp; S. 128 ol Spitta/Transit, or Frank Steingaß/Nationalpark Hochharz, u Schadach; S. 129 u Kreuels; S. 130 o DPA, ml AKG, mr Schulz; S. 134 u Schmid/Ag. Huber; S. 138 l A+L. Sinibaldi/gettyimages, or Georg Knoll, mr. A. Missinis/gettyimgaes.

Götterdämmerung: Die Abendsonne lässt den Parthenon der Akropolis erstrahlen

Pláka-Parade: Die belebte Altstadt wird von Athenern und Touristen geschätzt

Das Feuer ist entzündet, Olympia kehrt heim

Athen

Aus dem Inhalt dieses Heftes:

- Alt: Agora, Akropolis und das Leben in der Antike
- Neu: Die Metro – Verkehrsmittel und Museum
- Prächtig: Das Archäologische Nationalmuseum
- Bunt: Die Pláka und das neue In-Viertel Psirrí
- Erholsam: Die stadtnahen Strände und ein Trip nach Mykene
- Olympisch: Gespräch mit Bürgermeisterin Dora Bakojanni

Freuen Sie sich auf die nächsten MERIAN-Ausgaben: Masuren, Rom, Neuseeland, London, Hongkong

Zuletzt erschienen:

Mai 2004

April 2004

März 2004

Februar 2004

Januar 2004

Dezember 2003